JN417870

목화꽃 향기 되어

瑞峯 김 정 호 수필집

홍 익 출 판 사

序

힘들어 가슴 시릴 때 수필을 만났습니다.

마른 수수깡 같은 마음 밭에 글 모종을 하고, 열심히 티를 골라내고 거름도 주고, 그렇게 첫 수확을 했습니다. 어떤 것은 벌레도 먹고 덜 익어 풋내가 나기도 합니다. 그러나 부끄러워하지 않으렵니다.
포장도 하지 않으렵니다. 이 모든 것을 있는 그대로 세상 밖으로 내보냅니다.
제 손을 떠나면 제 것이 아닌 그대들의 것이 되겠지요.
곁에서 도움주신 모든 분들께 고개 숙여 감사드리며…….

이제야 고백합니다.
힘들어 가슴 시릴 때 수필을 만난 건 큰 행운이었습니다.

2010년 8월 초록이 깊은 날
瑞峯齋에서

차례

1부

연리지

차례

2부

목화꽃 향기 되어

차례

3부

연煙 선생 하소연

차례

4부

들메끈을 고쳐 매고

차례

5부

벽오동 심은 뜻은

1부

연리지

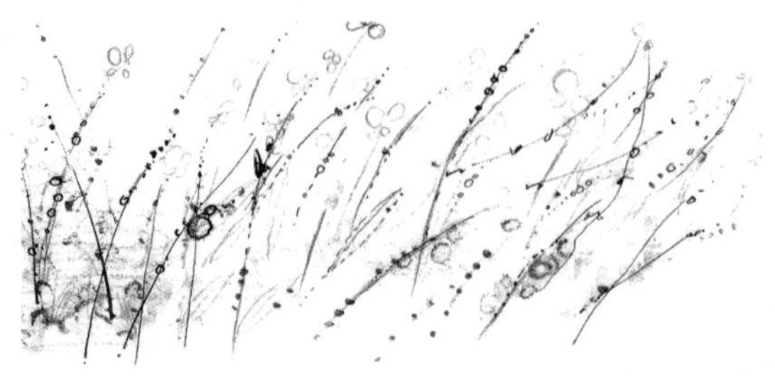

마음고생

개망초꽃이 하얗게 핀 공원 벤치에 앉아 아내를 생각한다. 고생을 사서 하는 아내가 자꾸만 마음에 걸린다. 때로는 한없이 느긋해 보이다가도 어느 때는 조급함에 어쩔 줄 몰라 조바심하는 아내가 한없이 안쓰럽기만 하다.

아내가 없는 빈집에서 자고 아침밥은 어제저녁에 해 둔 찬밥을 데워 대충 때우고 나왔다. 아내가 갑자기 병을 얻어 입원했다. '대상포진'이라나 뭐라나. 병명도 생소한 병으로 고생 중이다. 원래 이 병은 외상으로 나타나는 증세는 대단하지 않으나 사람이 못 견딜 정도로 통증이 심한 것이 특징이다. 어제저녁에도 늦게까지 병원에 있었으나 밤새워 간호해야 할 정도의 중병은 아니므로 집에 들어와 자고 아침에 또 들렀다. 병원에 들러 아내 얼굴을 보고 혹시나 하는 노파심에 간밤의 동태를 자세히 물어 보았다. 일찍 병원으로 달려온 며느리에게 간호를 부탁하고 사무실로 왔다. 계절적으로 불경기를 타서 별 할 일도 없어 오전 시간을 보냈다. 그리고 점심때를 이용해 공원 벤치에 앉아 있다.

참으로 고약한 병이다. 의학의 발달로 위험한 병은 아니지만, 매우 고통스러운 병이다. 처음에는 감기 초기 증세처럼 시름시름 앓더니 갑자기 기진하여 쓰러졌다. 그때까지 무슨 병인지도 모르고 동네 의원을 들락거리다가 배 부위에 반점이 생기고부터 이 병인 줄 알았다. 사위가 의학계통에 근무하고 있어 급히 손을 써서 큰 병원에 입원시켜 다행이다.

아내가 입원하고부터 난처한 일이 생겼다. 문병 오는 사람마다 한마디씩 한다. "신경 많이 써 몸이 허약해져 걸린다는데, 혜진 아버지 뭐 신경 쓰이게 하는 일 있어요?"라는 말은 점잖은 표현이다. 친밀한 아내 친구들은 농담 삼아 "혜진 아버지, 요즘 좋은 일 있으신가 봐!"하고 짓궂게 한마디 던진다. 그럴 때마다 뭐라고 변명도 못하고 씩 웃어넘기지만 영 마음이 편치 못하다.

아내는 비교적 낙천적으로 살아온 사람이다. 그런 사람이 몇 해 사이에 많이 달라졌다. 내가 직장을 퇴직하고 3년째 별 수입 없이 모아둔 돈을 축내고 있으니 조바심도 날 만하다. 적은 사무실을 운영하고 있지만 가사에 크게 보탬이 되지 못하고 적자를 내지 않는 것만으로도 다행이다 싶다. 그러한 형편이니 '곶감 꼬치 곶감 빼어 먹듯' 그동안 애써 모아온 재산을 야금야금 축내고 있다. 아직은 그래도 남은 돈이 좀 있으니 당장은 문제가 없겠지만 살아갈 날을 생각해 보면 턱도 없어 조바심이 일어나나 보다. 밑천이 다하기 전에 무엇이든지 대책을 세워야 할 텐데 하고 걱정이 태산이다.

아내는 2~3개월 전부터 가내 부업을 시작했다. 처음에는 다만 얼마라도 벌어서 반찬값이라도 보탠다는 것이 서툰 일에 욕심까지 부렸나 보다. 고기도 먹어본 사람이 더 잘 먹는다고, 아무래도 처음 하는 일에 신경이 많이 쓰였을 텐데 욕심까지 부려서 무리했다. 나 역시 당연히 아내의 부업을 알고 있었지만 아직은 비교적 젊은 나이에 노는 손에 시간 잘 보내겠다 싶어서 그냥 방관하고 말았다. 아니 방관한 것이 아니라 방조했는지도 모른다. 아내나 나나 마찬가지인데 내가 하는 일이 시원찮아서 벌이가 적다면 다른 대책을 세워볼 생각은 하지 못하고 아내의 부업하는 것을 내심 좋아했는지도 모른다.

남자가 얼마나 못났으면 퇴직한 지 몇 년 되지 않아서 아내 부업시켜 갑자기 병나게 했다는 말이 처가댁 식구들 귀에 들어갈까 걱정이다. 게다가 할 일 없이 남의 말 좋아하는 아내 친구들 "혜진 아빠는 한국통신 같은 좋은 직장 다닌다기에 돈 좀 모았나 했더니 벌써 그렇게 어려워진 거야?"하는 수다도 듣기 좋은 소리는 아니다. 남이 하는 말에 일일이 신경 쓰며 살아갈 나이야 지났겠지만 그래도 마음 편한 일은 아니지 않은가.

아직은 그렇게 생활비가 없어 쩔쩔맬 정도로 어려운 살림은 아니다. 우리 부부 복은 있었던가, 내가 직장 재직 중에 아들, 딸 모두 결혼 성사시켰으니 목돈 들어갈 일이야 적다손 치더라도, 8대 종손 살림살이 살다 보니 1년에 제수 음식 장만만 해도 명절을 포함하여 열두 번이요, 연로하신 부모님 생존해 계시고 대가족에 가까운 식구들 이것저것 챙겨주다 보면 들어가는 생활비가 여간 아니다. 버는 돈 없다고 써야 할 돈 안 쓰는 것은 아니지 않은가. 들어오는 돈 없이 야금야금 줄어드는 돈이 아내를 조바심 나게 한다. 나 역시 어디 뱃속 편할까마는 어쩔 수 없는 일이니 가는 데까지 가보자 하는 심사지만 아내는 밑천이 다하기 전에 무언가 새로운 수입원을 찾으려 이것저것 알아보고 수소문하며 노심초사하고 있다. 그래서 임시방편으로 시작한 일이 가내 수공업 부업이다.

모든 것이 내가 못나고 능력이 없어 일어난 일이다. 남자 나이 이순耳順에 이제까지 아내 고생시키며 살아온 것도 모자라 가장 아름다워야 할 황혼의 나이 초입에 아내 부업 시키며 신경 쓰게 만들어 지독한 병까지 나게 했으니 모든 것이 내 탓이고 나의 죄다. 이제라도 속죄하는 마음으로 친구에게 연락해서 올봄에 잘라놓은 질 좋은 녹용을 구해서 한약 한 재 지어주어야겠다. 배보다 배꼽이 더 큰 일이 되고 말았지만, 사람의 일이 다 그렇지 않은가. 석 냥 벌어 닷 냥 쓰는 일도 다반사로 있는 것이 인생인 것을.

공원 가장자리 개망초꽃이 바람에 살랑인다. 저 꽃은 내 마음을 알아줄까? 한약 받아 들 아내의 얼굴이 떠오른다. 당장이야 남편이 지어다 주는 한약이 고맙고 좋겠지만 얼마 지나지 않아 또 약값 아까워할 아내의 마음을 안다. 그래도 한약 한 재 지어 와서 아내에게 없는 응석도 부리며 우리의 사랑을 확인해보고 싶다. 그리고 오늘 밤 늦은 달이 뜨면 어느 선배가 가르쳐준 '사랑하는 당신에게 해야 할 말'을 열심히 외워 아내에게 들려주며 아내 닭살 돋게 해 주고 싶다. 아직은 아내가 없는 세상을 상상도, 생각도 해 보지 않은 피가 식지 않은 나이이다.

✿ 2006. 07. ✿

'참을 인忍'자 셋이면

올가을에는 좀 색다른 결혼식 광경을 보았다. 결혼식에서 당연히 있어야 하는 주례가 없다. 예식을 주관하는 주례가 없다니, 무척이나 혼란스러웠고 호기심도 생겼다. 예식은 나름대로 의미가 있었다. 주례사를 대신하여 신랑 신부에게 양가 혼주가 차례대로 덕담과 함께 당부의 말을 전한다. 남이 아닌 친부모가 자식에게 전하는 최고의 사랑이 담긴 축사인 것 같아 흐뭇한 미소로 지켜보았다. 많은 이야기가 있었지만 마지막으로 백년해로하고 다투지 말고 잘 살아가라는 내용이었다. 뒤이어 신랑 신부는 평생을 같이 살아갈 서로의 반려자에게 변함없는 사랑으로 잘 살아갈 것을 약속했다. 참으로 보기 좋은 광경이었다.

결혼식을 올리는 신랑 신부는 누구를 막론하고 헤어짐을 전제하지는 않을 것이다. 그러나 실제로는 많은 부부가 살다가 헤어진다. 인생을 바라보는 가치관이 변했기 때문인가, 아니면 물질의 풍요가 가져온 병폐 때문인가. 옛날에는 생각도 못한 일들이다. 아무리 그렇다 하더라도 한 가정을 꾸리고 살다가 어느 날 갑자기 남이 되어 돌아선다는 것은 불행하고 가슴 아픈 일이다. 본인들은 물론 자식들은 말할 것도 없고 양가 집안에도 큰 충격이다. 흔히 이혼의 사유가 성격의 차이라고 하지만 실상은 경제적 이유로 헤어지는 경우가 대다수를 이룬다고 한다. 어렵게 만나 결혼한 부부가 너무도 쉽게 헤어지는 것을 지켜보는 시선에는 안타까움이 묻어난다.

우리 부부는 70년대 초 드물게 사내 연애를 하였다. 내가 아내와 사귀고 정이 깊어져 결혼할 때가 되었다. 당연히 부모님께 인사를 드리러 갔을 때였다. "너희 둘이 서로 사랑하고 좋아서 결혼하겠다고 하니 승낙하겠다. 스스로 선택한 결혼이니 끝까지 책임지고 잘 살기를 바란다. 어떤 일이 있어도 부모의 가슴에 못을 박는 일은 절대로 없어야 한다." 자상하면서도 추상같은 아버지의 당부 말씀이었다. 그래서 그랬던가. 우리가 결혼하고 30여 년이 훨씬 지나도록 수많은 어려움도 있었으나 잘 견디며 지금껏 살아왔다.

어려운 살림을 살아오면서 고비도 많았고 사연도 많았다. 수입은 적고 대가족이 한 집에 살았던 탓에 어느 때는 버스비도 없어 가깝지 않은 거리를 걸어서 출퇴근한 적도 있었다. 아버지의 거듭된 사업 실패로 감당하기 어려운 빚을 떠안았을 때 정말 힘들고 어려웠었다. 늘어가는 빚을 퇴직금이라도 타서 갚기 위해 아내가 다니던 직장마저 그만두어야 하는 일도 있었다. 또한 매사에 적극적이고 저돌적인 성격 탓에 일 벌리기를 좋아하는 나를 이해하지 못해 등을 돌리고 잠이 든 경우도 많았다. 그뿐이겠는가. 남자라는 이유로 권위를 앞세운 나의 주장 앞에 아내의 마음을 상하게 한 적이 헤아릴 수 없이 많았다. '참을 인忍자 셋이면 살인도 면한다.' 했던가. 될 수 있으면 좋은 방향으로 생각하고 눈앞에 있는 자식을 생각하여 참으면서 어려운 고비를 이겨내고 살아온 아내에게 항상 고마움을 느낀다.

우리 아들과 딸도 연애결혼을 하였다. 그들이 결혼하고자 했을 때 나도 역시 아버지와 같은 말을 했다. 벌써 결혼한 지 10여 년이 되도록 탈 없이 오순도순 잘살고 있다. 그들의 삶에도 이런저런 사연으로 많은 어려움이 있을 것이다. 때로는 부모에게조차 말할 수 없는 사연으로 남모르게 눈물을 흘려야 했던 날도 있었을 테지. 어쩌면 부부의 사랑도 중요하겠지만 그 보다도 한창 자라나는 아이들을 생각하여 참고 사는지도 모르겠다.

윗물이 맑아야 아랫물이 맑다고 했던가. 아내가 평생을 인내하면서 살아온 모습을 곁에서 지켜보면서 아들딸들도 어려움을 이겨내고 잘 살기를 바랄 뿐이다.

✿ 2009. 12. ✿

아내의 가출

오늘도 하찮은 일로 아내와 논쟁을 벌이고 있다. 몇 주째 주말만 되면 반복되는 언쟁이다. 이번에는 딸까지 아내 편이 되어 공격해 온다. 왜 여자들의 공허한 마음을 이해하지 못하느냐고 반박이다. 남자들 생각은 모두 다 똑같다는 것이다.

요즈음 모 방송국의 '엄마가 뿔났다'라는 연속극이 대단한 인기를 얻고 있다. 연속극의 속성이 사람들의 살아가는 이야기를 통속적으로 다루고 있다. 거기에 서민들의 감성을 자극하는 내용이 주를 이루고 있으니 갈수록 그 인기는 높아가는 추세이다. 사람들이 '엄마가 뿔났다'라는 연속극에 많은 관심을 두는 것은 그만한 이유가 있다. 극 중 주인공인 엄마역의 '한자'가 1년간 휴가를 얻어 집을 나간다는 설정 때문에 부쩍 관심을 두게 된다. 시아버지 모시고 삼남매 키우며 살아가는 평범한 가정주부가 자식들 결혼을 모두 성사시키고 어느 날 갑자기 찾아온 권태감과 무력증에 시달리다 집을 나간다는 것이다.

이 대목에는 찬반이 엇갈리지만 아무래도 찬성하고 손뼉 치는 사람들이 더 많은 것 같다. 그것은 소위 높은 시청률이라는 것이 잣

대가 되어 나타나고 있으니 말이다. 나 역시 어느 정도는 공감하고 있다. 그렇지만, 어디 주인공의 경우와 같이 여성인 가정주부만이 단조롭고 반복적인 일상과 권태감에 빠져 가출하고 싶어질까.

주인공 '한자'가 휴가를 얻어 집을 나가서 딱히 무엇을 하는 것도 아니다. 늦잠 자고, 책 읽고, 그리고 약간의 문화생활을 즐긴다. 그러다 그것도 싫증이 나면 동창생들 만나 수다 떠는 것이 전부이다. 극 중 아내를 웃는 얼굴로 떠나보내고 축 처진 어깨로 돌아오는 남편의 뒷모습이 그렇게 처량하게 보일 수가 없다. 이것이 실제의 생활이라면 그 여자 주인공이 정말 박수를 받을 수 있을까 하는 생각이 머리에서 맴돌고 있다.

젊은 시절 직장에 근무하고 있을 때 언젠가 퇴직을 하면 아내와 같이 전국 일주를 하고 싶었다. 나름대로 꽤 구체적인 계획까지도 세워보았다. 그러나 30년도 넘는 직장생활에서 막상 퇴직하고 나니 전국 일주는 한갓 꿈이 되고 말았다. 거기에는 많은 이유가 있었겠지만 퇴직한 그날부터는 한 푼의 수입도 없을 것이고 손에 쥔 재산으로 남은 인생을 살아야 한다는 현실이 강박관념으로 다가왔다. 내 경우만이 아닐 것 같다. 남자들도 얼마나 많은 일탈逸脫을 꿈꾸고 있을까. 고단하고 참기 어려운 직장생활을 하면서 '에라 모르겠다. 이것저것 생각하지 말고 아무도 모르는 곳으로 여행이라도 떠나자!'라고 생각해 보지 않은 사람은 드물 것이다. 단지 너무나 급박한 생활에 찌들고, 처자식 먹여 살려야 한다는 강박관념에 이러지도 저러지도 못하고 묵묵히 살아가는 경우가 태반일 것이다.

박경리의 '토지'를 읽으면 글 중에 '처승자박妻繩子縛'이라는 말이 나온다. 글자 그대로 아내와 자식이 포승줄이 되어 꽁꽁 묶고 있어 옴짝달싹할 수 없다는 말이다. 그것이 현실이고 지금의 남편들이 안고 살아가야 하는 운명 같은 것이다.

부부라는 것이 한 남자와 한 여자가 월하노인月下老人이 맺어준 인연으로 짝이 되어 한 가정을 이루고 살아가는 것이다. 그러면서 남자는 가장으로서의 해야 할 일과, 여자는 아내로서의 도리가 있는 것이다. 성경에 이르기를 태초太初의 인간의 원죄原罪로 말미암아 여자에게는 해산解産의 수고를, 남자에게는 땀 흘려 일하면서 가족을 부양해야 하는 의무를 줬다고 한다. 여자인 가정주부가 받아야 하는 생활의 무게가 결코 가볍다는 이야기는 아니다. 거기에 비교하면 상대적인 가장家長이 평생을 짊어지고 가야 하는 무게는 아무래도 그 이상이 아닐까 하는 생각에 이 연속극 주인공의 행동에 선뜻 박수가 나오지 않은 것이다.

고물가高物價, 고유가高油價 시대에 국제적 경기침체로 또 한 번의 IMF가 오느니 마느니 하는 암담한 시대를 살아가고 있다. 게다가 취업의 문은 갈수록 점점 더 좁아져 이태백이니, 사오정이니, 오륙도니 하는 말들은 옛날이야기처럼 들려온다. 오늘도 주어진 천직天職에 만족하며 가족 끼니 걱정하지 않는 것만으로도 감사해야 하는 사람들이 살고 있다. 시장경제가 발전하고 자본주의가 번창해도 부익부富益富 빈익빈貧益貧을 가져오는 제도의 맹점 앞에 무력한 존재들이 서민들이다. 날로 더 어려워져가는 경제활동 앞에 잔뜩 움츠러든 남정네들의 가출은 이루어질 수 없으며 박수 받을 일이 아닌가.

내가 좋아하는 유행가 중에 아주 오래된 노래이긴 하지만 '인생수첩'이라는 노래가 있다. 사랑하는 아내와도 대화가 풀리지 않고 서로 다른 생각을 하고 있는 마음을 이 노래 한 구절로 달래보고 싶다. "가도 가도 막막한 인생길 눈보라 길에 뜻 맞아 나가면 좋더라. 행복이 따로 없더라. 굽이굽이 인생 굽이 서로 돕고 의지해. 부귀영화 바랄 것이냐 인정으로 살아가잔다.”

그래, 세월이 약이겠지. 오늘도 구슬땀이 모자라 핏빛 섞인 진홍색 진땀을 흘리며 묵묵히 살아가는 저 불쌍한 서민 가장들도 내일은 있겠지 하는 희망은 버리지 않았을 것이다. 오래지 않아 지긋지긋한 한여름 삼복더위 후딱 지나가고 시원한 가을바람이라도 불어왔으면 참으로 좋겠다.

❁ 2008. 09. ❁

인연

노란 금계국과 하얗게 핀 개망초꽃이 조용한 공원을 수놓고 있다. 그 공원 한편으로 한 여인이 지나가고 있다. 잠시 눈이 어린다. 갑자기 상상의 날개는 몇십 년 전을 거슬러 오른다. 어쩌면 저리도 닮았을까? 사람의 생김새야말로 천층만층 구만 층이라지만 똑같이 닮은 사람도 참으로 많은가 보다.

소중한 추억이다. 지금 생각해 보면 풋내 가시지 않은, 순진하고 때 묻지 않은 젊은 날의 추억이다. 중학교를 졸업하고 고등학교로 진학하던 때, 나에게도 소중한 첫사랑은 있었다. 서울 어느 교회 모임에서 만난 그녀는 고고한 학처럼 보였고 천사 같았다. 빼어난 미인까지는 아니었으나 깜찍한 용모에 밝은 미소와 유머가 빛나는 소녀였다. 소녀는 우리 집 부근에 살고 있었다. 모임에서는 아무렇지도 않게 대하다가도 헤어져 각자 집으로 돌아올 때면 항상 그녀의 뒤를 몇 미터 뒤에서 따라왔다. 그러면서도 그녀에게 좋아한다는 말 한마디 건넬 용기가 없었다.

고등학교를 마치고 사회인이 되어 어렵게 그녀와 데이트가 시작되었다. 일 여년의 꿈같은 시간이 흘렀다. 서울 종로5가와 2가에 있는 사무실에 근무하고 있었던 우리는 밤마다 만나 걷고 또 걸었다. 종로에서 금호동을 지나 옥수동까지 이루 다 헤아릴 수도 없을 만큼 많이 걸었다. 군에 입대하자 그녀와는 이별이었다. 내가 군에서 3년이란 세월을 복무하고 있을 때 그녀는 이미 한 아이의 엄마가 되어 있었다. 미치도록 방황했고 괴로움의 연속이었다. 아무리 소중한 기억도 시간이 지나면 그 농도가 퇴색된다. 그래서 흔한 말로 '세월이 약'이라 했던가. 그녀를 놓쳐버린 좌절감에 가슴을 치는 회한과 자학으로 보낸 날들이었지만 흐르는 세월이 역시 약이었다.

제대를 하고 오래지 않아 또 한 여인을 만났다. 같은 직장에서 근무하고 있던 그녀는 갓 스무 살을 넘긴 풋내기 숙녀였다. 작은 체구에 귀여운 외모, 말수가 적은 그녀가 내게 다가왔다. 그리고 우리는 사랑에 빠졌고, 결혼을 했다. 결혼 후에도 서울의 그 여인을 완전히 잊지는 못했다. 아내에게는 항상 미안한 생각을 하고 있었지만, 실패한 첫사랑의 아픔을 그렇게 쉽게 잊을 수는 없었다. 사람의 정이란 것이 단칼에 무 자르듯 쉽게 잊히는 것이 아닌가 보다.

결혼하고 20여 년이 지났을 때 우연히 서울의 그 여인 소식을 알게 되었다. 불행한 가운데에서도 꿋꿋하게 잘 살고 있단다. 몹시 어렵게 인연의 줄을 놓아 그녀를 만났다. 옛날의 추억이 서리어 있는 금호동 어느 모퉁이에서 만나기로 하였다. 20년도 더 지난 시간 때문에 어색한 조우는 오래가지 못했다. 단지 옛날처럼 연인의 관계가 아니라 가끔 소식만을 주고받는 좋은 친구 사이가 되었다.

연리지를 생각한다. 두 나무가 나란히 곁에서 자라다가 어느 한쪽 나무에서 뻗어 나온 가지 하나가 다른 나무의 몸통에 붙어버린 것을 우리는 연리지라고 부른다. 저 나무들은 무슨 인연으로 같은 장소에서 자라 조금은 외설스러운 모습으로 한 몸이 되어 살아가고 있을까.

금계국, 개망초꽃이 화려한 늦은 봄날, 어느 여인의 뒷그림자가 연리지를 기억하게 하였다. 어느 종교에서는 삼세의 업이 닿아야 부부의 연을 맺을 수 있다하니 한 남자와 한 여자가 만나 부부의 인연이 된다는 것은 정말 대단한 것이다. 또한, 다른 면에서는 부부란 전생에 원수의 관계라고도 한다. 나와 인연 맺은 두 여인. 그렇다면, 어느 한쪽은 삼세의 인연을 맺었고, 어느 한쪽은 그렇지 못했단 말이던가. 그것이 아니라면 지금의 아내와는 삼세의 인연을 맺어 부부가 되었고, 서울의 그 여인과는 그렇지 못했단 말인가.

복잡하게 따지지 말자. 그때의 형편이 어느 쪽이든지 그렇게 되도록 하였을 것이다. 서울에 살고 있는 여인도, 지금 내 곁에서 곱게 코를 골며 자고 있는 아내도 모두 다 소중한 인연이겠지. 밤하늘 달빛에 구름 흘러가듯 주어진 인생길에서 서로가 조금은 덜 미워하고, 애써 더욱 사랑하고 배려해주며 사는 것이 큰 인연으로 만난 사람의 정이겠지. 대구 근교 가까운 은해사 입구에도 연리지가 있단다. 언제 시간을 내어 아내와 같이 가서 조용히 물어보고 싶다. "우리는 어떤 인연으로 이렇게 부부의 연을 맺었습니까?"

✿ 2007. 10. ✿

짝사랑 이야기

사랑이라는 말 만큼이나 여러 가지 의미로 우리에게 다가오는 단어도 그리 흔치는 않을 것 같다. 포근한 가슴을 연상하게 하는 어머니의 한없는 사랑, 자기의 목숨마저도 감히 내어 던질 수 있는 고귀한 희생적인 사랑, 가슴 설레며 긴 밤을 잠들지 못하는 청춘의 장밋빛 뜨거운 사랑, 영원토록 변할 줄 모르는 조용한 짝사랑, 이러한 것들을 우리는 통상 그저 사랑이라는 한 단어로 표현한다.

누구나 그렇듯이 나에게도 숨겨진 짝사랑의 이야기가 있었다.

1990년, 내 깜냥에 걸맞지 않게 모 대학교 대구, 경북지역 총학생회장이라는 직책을 맡아 한 해를 보내려 했던 때, 누군가의 도움이 절실했었다. 그때 내 곁에 와 주었던 어느 여인이 있었다. 아니 그가 내게 와 준 것이 아니라 내가 그를 애타게 찾았다.

그는 총학생회장 선거 당시 우리 편이 아닌 상대 후보의 최측근 참모였다. 선거가 끝나고 나서 나를 도와 줄 사람이 절실히 필요했을 때 맨 처음 그를 생각해 냈다. 그의 영입이 쉽지 않은 상황이었다. 옛날 중국 삼국시대 유비의 삼고초려에 버금가는 수고를 마다할 수 없었다. 드디어 그는 총학생회의 부회장이라는 타이틀로 활짝 웃는 얼굴로 내 곁으로 와 주었다.

그를 처음 보았을 때 결코 빼어난 미인이랄 수는 없지만 화사한 얼굴, 어깨까지 내려오는 긴 파마머리, 어딘가 모르게 어색한 몸놀림, 약간은 비음 섞인 어눌한 말투, 그녀의 눈웃음, 이런 모습들이 나를 사로잡을 만했다.

어렵고 힘들긴 했어도 보람 있었던 한 해였다. 대구 캠퍼스에서의 크고 작은 행사는 물론이었고, 서울을 위시한 전국 총학생회 행사에 품앗이로 참석할 때 항상 말없이 동행해주던 아름다운 마음씨를 가졌었다. 특히 전라북도 전주 총학생회 주최 여학생수련회에 갈 때는 직장에서 야근을 하여 피곤할 터인데도 씩 한번 웃고는 앞장서서 가는 고마운 마음이 아직도 잊히지 않는다.

우리는 무사히 한 해의 중책을 마치고는 서로의 위치로 돌아갔다. 주어진 일에는 시간을 잊어가며 자기가 맡은 일을 마다하지 않던 그에게 고맙다는 따뜻한 인사마저 변변히 하지 못했던 것은 나의 성격 탓이리라. 그리고 가끔은 서로의 안부를 주고받으며 살고 있었다.

얼마의 시간이 흘렀다. 대구 상인동 지하철 참사가 있던 날, 경북 안동에서 근무하고 있었던 나는 얼마나 가슴을 졸였던지. 그의 출근길이 그 길이었으니까. 전화기를 통하여 들려오는 그의 웃음 섞인 낭랑한 목소리에 또 얼마나 감사했던지 모른다.

오래전 흘러간 어느 유행가에 있는 '이제는 사랑하는 사람이 곁에 있을까 봐 이름을 밝힐 수 없어요.'라는 노랫말처럼 혹시 이 글로 인해 선의의 피해가 있을까 봐 지금 새삼스럽게 그의 이름을 밝히지 않는 것이 좋을 것이다. 그래도 내 가슴속에 남아 있는 혼자만의 아름다운 짝사랑을 해보는 것도 결코 나쁘지는 않으리라. 이순耳順의 나이를 넘긴 사람이 이런 글을 쓴다는 것이 한갓 비웃음의 대상이 될까 두렵기도 하다. 그래도 내게는 소중한 인연이고 십 수 년을 소중하게 간직해 온 사랑이니 욕 좀 얻어먹은들 대수겠는가.

결코 우연한 만남이 아니라 숙명처럼 몇 겁의 인연으로 만났을 사람에 대하여 작은 욕심 때문에 아름다운 사랑이 더럽혀지기를 절대로 원하지 않는다. 그리고 이제까지 그랬듯이 항상 조용히 지켜보고 싶다.

어느 날 무료한 시간에 부질없는 나의 짝사랑을 생각해 내고는 가만히 적어본 낙서 한 편을 그녀에게 띄운다.

동백꽃

빨알간 동백꽃이,
섬 마실 뒷골목 지키는
빨알간 동백꽃이 꼭 그대를 닮았음을
어젯밤 달님의 속삭임으로 알았습니다.

목마른 보고픔으로
빨알간 동백꽃으로 변한 것은
나무꾼과 선녀의 꿈으로
지난밤 생각해 내고는

모가지 떨어진 외로운 고혼처럼
검은 동토 위에 뒹구는 나목처럼
처절한 몸부림만 가득한데

사랑의 불꽃이 동백꽃 되어
어두운 밤 환히 밝히고 있음에야…….

✿ 2006. 05. ✿

사랑싸움

가을바람이 스산하게 불어온다. 생을 마감하고 힘없이 떨어지는 낙엽이 대지 위에서 나뒹군다. 쓸쓸하고 외롭다는 느낌이 온몸으로 전해온다.

한평생 살면서 싸움 한번 하지 않고 사는 부부는 없을 것이다. 자질구레한 일로 마음 상하고 그것들이 모여서 사랑싸움을 벌인다. 우리 부부도 여느 사람들과 마찬가지로 가끔 사랑싸움을 한다.

어제도 그랬다. 아내는 처음으로 시작한 사업을 참으로 대견해했다. 그러나 시간이 지날수록 서서히 스트레스를 받았다. 게다가 항상 영업장 안에서만 일을 해야 하는 것도 여간 고역이 아닌 듯싶었다. 벌써 삼 개월째 갇혀 있으니 울화도 치밀 때가 되었다. 팔공산 자락에 자리 잡은 지난 세월 추석날 단 하루 아들 차에 얹혀 경산 집을 다녀오고는 바깥 구경이라고는 못하고 지내니 무척이나 세상이 그리운가 보다. 그래서 오는 스트레스가 당연히 만만하게 보이는 내게로 화살이 향한다.

드디어 폭발했다. "여보, 어제 십만 원밖에 입금 못 했네." "그게 어떻다는 거야? 내가 놀면서 적게 번 것이 아니잖아." "그런 뜻이 아니잖아." "뭐가 아냐. 자기는 할 짓 다 하고 다니면서 나는 뭐야?" 하면서 마구 퍼붓는다.

나의 일상생활을 의심하는 것은 아니지만 매일 자동차 운전하고 다니면서 여기저기 다니고 있으니 괜히 부럽기도 하고 한편으로 부아도 나나 보다. 이때는 아무 말도 하지 않고 집을 나서는 것이 최상임을 안다.

저녁에 들어가니 아직도 아내는 잔뜩 화가 나 있다. 그렇다고 아내의 성격에 아침에 다하지 못한 화풀이를 다시 하려고도 하지 않는다. 단지 입을 굳게 잠그고 눈길도 주지 않는다. 나 역시 그렇다. 잠자리에 들어서도 서로 살닿음마저도 조심하며 하룻밤을 보낸다.

싸움의 원인을 따지는 것은 무의미하다. 단지 어쩔 수 없는 형편이니 해답이 없을 뿐이다. 그렇다고 당장 영업장 문을 닫을 수도 없고 마땅한 대안이 없어 고민이다. 요즘 같이 경쟁이 심한 상황에서 단 하루라도 영업장 문을 닫는다는 것은 상상도 못할 일이다. 내가 대신 영업장을 봐주고 아내에게 휴가라도 주고 싶으나 아내는 불행하게도 운전을 잘 못한다. 또한, 영업장 운영은 남자 혼자서는 할 수 없는 일이니 그것도 안 될 일이다.

가을바람을 맞으며 출근길에 곰곰이 생각해 본다. 청마 유치환님의 시 한 구절이 갑자기 생각난다. '사랑하는 것은, 사랑을 받느니보다 행복 하나니라.' 그래. 내가 부족한 사람이다. 내 사랑이 부족했던 것이다. 나도 오늘은 에메랄드 빛 하늘이 환히 내다뵈는 우체국 창문 앞에서 사랑의 편지라도 써야겠다. 그리고 빠른우편으로 보내련다. 사랑은 조금은 유치해도 좋다. 조금은 치졸한 방법이겠지만 이렇게라도 애교부리며 아내의 외로운 마음을 달래주고 싶다. 그리고 시치미 뚝 떼고 있다가 집으로 들어가면 마음씨 넓은 아내는 피식 웃고 말 것이다. 그러면 또 이번 싸움도 끝날 것이다. 아내는 그런 사람이다. 살갑게 고운 정을 내지는 못하지만 질그릇 속의 된장찌개 같은 아내가 사랑스럽다.

✿ 2006. 11. ✿

만수받이로 살고 싶다

알싸한 솔 향이 묻어나는 아침 공기를 가슴 가득히 들이마신다. 가슴이 확 트이는 것 같다. 전에는 느껴보지 못한 새로운 기분이다. 이제 막 미명을 벗어난 상쾌한 아침 이른 시간이다. 풀잎에 위태롭게 대롱대롱 매달린 영롱한 아침 이슬이 참으로 곱다. 정화수라도 한 그릇 떠놓고 싶은 맑은 물이 흐르는 소리와 따사로운 햇볕 가득 안고 올 것 같은 해맑은 공기가 좋다. 그래, 푸른 산이 있는 이곳에서 이렇게 살다 가라고 운명 지워졌나 보다.

며칠 전까지만 해도 '매암매암'하고 시끄러울 정도로 울어대던 말매미 소리가 사라지는가 싶더니 어제는 처음으로 '쌔롬쌔롬' 하고 우는 참매미 울음소리를 들었다. 또 밤이면 귀뚜라미를 비롯한 온갖 풀벌레의 노래잔치에 불청객으로 참석하여 염치없이 그들과 같이 밤을 보냈다. 팔공산 어느 한쪽 변두리에서 이렇게 사는 것도 평범하지 않은 인연이었겠지 싶다.

몇 해 전까지만 해도 잘 나간다 싶었던 좋은 직장생활에 부러운 줄 모르고 살고 있었다. 그러나 사람의 운명은 한 치 앞을 알 수 없는 것인가 보다. 어느 날 전혀 준비도 안 된 상태에서 갑자기 닥

쳐온 명예퇴직으로 인한 여파가 그렇게 클 줄은 미처 몰랐다. 끝내 아내는 마음고생으로 고약한 병까지 얻었다.

우리보다 먼저 이 집에서 살던 사람들이 집 관리에 소홀했던 것 같다. 눈길이 미치지 않는 구석구석에 잡동사니 쓰레기가 널려 있고, 넓은 집 주변으로는 허리만큼 올라오는 잡초가 무성하다. 며칠째 아침 일찍 일어나서 청소하고 잡초를 뽑는 일에 열중이다. 쓰레기를 치우는 일도 수월한 일은 아니지만, 잡초를 뽑는 일은 여간 힘든 게 아니다. 키가 큰 놈은 뿌리를 단단히 박고 있어 뽑기 어렵다. 앉은뱅이처럼 키가 작은 놈은 손에 잘 잡히지 않아서 작업 진도를 나가지 못하게 발목을 붙잡고 늘어진다. 그래도 서두르지 않고 하나하나 꼼꼼하게 잡초를 뽑아낸다.

행여 그동안 살아오면서 남을 미워하고 시기하고 질투하며 분수에 넘치는 욕심을 부리지는 않았는가. 집 주변에 있는 잡초를 뽑는 일쯤이야 시간이 지나고 노력하면 해결된다. 그러나 마음에 쌓여 있는 잡초 같은 사악한 생각들은 어떻게 할 것인가. 눈으로 보이지 않으니 손으로 뽑아낼 수도 없다. 마음의 잡초 때문에 한쪽으로 쫓겨나 있을 초라한 내 양심 앞에 한없이 부끄러워진다. 이제라도 늦지 않았다. 이곳에서 아름다운 자연과 함께 살면서 마음의 잡초 같은 더러운 때를 벗겨 보자.

쉴 곳이 필요한 사람에게 안락하게 쉴 곳을 제공해 주는 것도 좋은 공덕이 되겠거니 하고 생각한다. 물론 정당한 대가는 받고 하는 사업이지만, 그래도 보다 더 쾌적한 환경에서 편안한 휴식을 취하고 갔으면 좋겠다. 적은 노력으로 깨끗한 환경을 만들어주고 싶다. 물론 이곳을 찾는 많은 사람 중에는 성가시게 하는 사람도 있을 것이다. 그들이 성가셔 하는 데에는 나름대로 이유가 있지 않겠는가.

마음 한번 넓게 가져 그들의 푸념을 다 들어주며 만수받이로 살고 싶다. 그들도 같은 하늘 밑에서 부대끼며 살아가는 또 하나의 내 이웃이다. 그들의 이유 있는 푸념을 들어주며 만수받이로 사는 것도 내 마음의 때를 벗겨내는 일일 것이다.

✿ 2006. 09. ✿

연리지連理枝

내가 그것을 처음 만난 것은 아주 옛날이었다. 초등학교 6학년 때, 그러니까 자유당 말기 4·19가 일어나던 해이다. 그때 처음으로 우리 까까머리 꼬마들은 졸업 수학여행을 갔다. 수학여행이라야 대단한 것도 아니다. 고향에서 60여 리 떨어져 있는 속리산 법주사 관광이 전부였다. 그때 인솔하시는 선생님의 안내로 우리는 처음 그것을 보았다. 어린 눈에도 참으로 희한하게 생겼다고 생각했다. 법주사 입구, 십 리 숲 중간지점쯤 울창한 나무 사이에 두 그루의 나무가 다정하게 서 있다. 두 나무 사이에 서로 붙어 있는 가지가 있다. 인솔하시는 선생님의 설명으로는 어느 쪽에서 가지가 나와서 어느 쪽에 접목되었는지를 잘 모른다는 것이다. 자세히 보니 양쪽 굵기가 비슷하다. 그때는 단지 희귀한 나무가 있다는 것만 기억되었다.

나이가 들어 연리지連理枝라는 것을 알게 되었다. 얼마 전 대구문학에 실려 있는 허창옥 선생님의 수필 '은해사 가는 길'을 읽으면서 팔공산 은해사 입구 숲에도 연리지가 있다는 것을 알게 되었다. 도대체 그들은 무슨 인연으로 두 나무가 한 나무로 되어 살아가는 것일까? 어떤 인연으로 서로 다르게 자라난 나무들이 한 몸이 되었을까? 나무는 너무 가까이 붙어 있으면 어느 한 쪽이 죽는다고 한다. 그러나 이들은 이렇게 한 몸이 됨으로써 죽지 않고 살아가는지도 모르겠다.

인간이란 존재는 수많은 인연 속에 살아가고 있다. 부모와 자식, 형제, 부부, 나아가 친구, 이웃, 직장동료, 스승과 제자 등의 관계로 인연을 맺는다. 그들과 살 비비고 부대끼며 살아가고 있다. 모두 다 소중한 인연들이다. 그러나 부부의 인연만큼이나 소중한 것도 없다. 각자 다른 환경에서 자라난 두 사람이 어떤 인연으로 만나 한 가정을 꾸미고 산다. 그리고 아이들 낳고, 재산을 늘리며 한평생을 같이 도반으로 살아간다. 그러나 그 길이 그렇게 호락호락하고 수월한 일은 아니다. 어떤 인연으로 만났던지 부부의 인연이란 무엇보다 중요한 것이다. 서로가 의지하며 살아가라고, 그리하여 때로는 격정의 순간도, 가슴 저미는 슬픈 사연도 함께 겪으며 만리장성의 사연을 쌓으며 한평생 살아가라고 정해진 소중한 인연이기 때문이다.

불가佛家에서는 부부로 맺어지는 것은 삼겁三劫의 인연으로 맺어진다고 한다. 그리고 또 다른 면에서는 그들은 전생에 원한을 많이 맺은 원수였다고도 한다. 전생에 맺힌 원한을 다 풀어버리라고, 그리하여 수미산보다도 더 높은 두터운 업장소멸業障消滅 하라고 그토록 소중한 인연을 맺어준다고 한다. 굳이 그 말의 진정성을 따져야 할 필요성은 없다. 솔직히 말해서 어느 부부든지 말다툼 한번 하지 않고 사는 부부는 없다. 한평생을 같이 살아가면서 때로는 본의 아니게 상대방에게 마음의 상처를 주는 일도 있다. 단지 정도의 차이만 있을 뿐이다.

며칠 전부터 아내의 심기가 불편한 것 같다. 그렇다고 내가 특별히 마음 상하게 한 적도 없다. 계절적인 영향 탓인가. 아무튼 어떻게 하든지 뒤틀린 아내의 심사를 되돌려 놓는 것도 내가 감당해야 할 일이다. 소중한 내 짝으로 만나 고생하고 있는 사람을 마음 편하게 해 주는 것이 좋을 것이다. 시간이 허락하면 아내를 대동하고 은해사에 한번 다녀오고 싶다. 그곳에 가서 연리지의 모습을 아내에게 보여주면서 우리 부부의 인연에 대하여 다시 생각해보고 싶다.

인생이 뭐 그리 대단한 것이라고, 서로 의지하고 진솔한 마음으로 사랑하며 한평생 주어진 대로 마음 편하게 살아가고 싶다.

✿ 2007. 05. ✿

남편의 수다

샐러리맨들은 선술집에 둘러앉아 상사 욕하며 먹는 술맛이 최고이고, 성적 좋지 않은 학생들은 선생님 흉보는 것도 다반사라 하더라. 할 일 없는 동네 여인네들이 모여앉아 돈 벌어다 먹여살려주는 남편 흉보며 수다 떠는 것도 재미인 것 같다. 아마 우리 아내도 여자이니 별수 없겠지. 그러니 나도 오늘 여기에서 공개적으로 아내의 흉이나 보며 수다를 좀 떨어봐야겠다.

그녀의 외관부터 먼저 뜯어보면 오 척을 겨우 턱걸이해서 넘을 키에 돼지띠도 아닌데 포동포동 살이 올라 구십 근 무게는 좋게 나가니 보통 체격은 넘는다. 그러니 요즈음 유행하는 쭉쭉빵빵 하고는 애당초 열 촌도 더 된다. 그래도 귀염성 있는 동실동실한 얼굴이 가히 밉상은 아니다.

옛 어른들이 이르기를 '변덕 잘 부리는 여우하고는 살아도 미련한 곰하고는 살지 못한다.'고 했다. 이 여자는 입에 아교풀 칠이라도 하고 시집왔는지 삼십 년 넘게 살아도 남자 애간장 녹이는 애교는 고사하고 "여보" 소리 한번 못 들어 봤다. 혹시 남편이 심통이라도 나 있으면 달래주는 흉내라도 내련만 '세월이 약이겠지요.'하고 제풀에 풀어지기를 기다릴 뿐이다.

사람이 한 가지 재주는 타고난다는데 이 여자에게는 도대체 재주라고는 눈 닦고 찾아봐도 없다. 요즈음 같은 문명 시대에 살면서 몇 년 전에 남편이 사다준 휴대전화로 문자 메시지 보내는 것도 겨우 몇 달 전에 딸에게 지청구를 받아가며 겨우 배웠다. 그렇게 배웠어도 지금도 문자 메시지 보내는 일에 능숙하지 못하다. 게다가 지독한 기계치인지라 집안에 있는 가전제품 하나 어디라도 탈이 나면 어쩔 줄을 모른다. 하다못해 전기밥통 전원선이 빠져 전기가 들어오지 않아도 서방님부터 먼저 찾는다. 그러니 그 흔한 컴퓨터도 장식품에 불과하고, 자전거 타기나, 자동차 운전하는 일 등은 먼 나라 이야기일 뿐이다.

이렇게 지독한 기계치이니 말해 무엇 하겠느냐마는 게다가 한 술 더 떠서 글 맹인에다 글벙어리다. 어쩌다 큰 마음먹고 좋은 책이라도 읽어보려고 책을 펼치면 두 페이지도 채우지 못하고 영락없이 잠들어버리기 일쑤다. 오죽했으면 남편이 평생 살아온 과정을 자서전으로 출간한 지도 삼 년이 넘었건만 아예 단 한 페이지도 읽어보지 않았다. 주위 사람들이 남편의 책 재미있다며 읽어보았느냐고 인사치레로 물어오면 "뭐 뻔히 아는 이야기 써놓았을 텐데 골치 아프게 읽어서 뭘 해."하고 대답해 버리고 만다. 심지어 책이라고는 만화책도 읽지 않으니 당연히 글 맹인이 맞다. 글 맹인이니 필연적으로 따라오는 것이 글벙어리이다. 시집와서 남이 다 쓰는 가계부 한 번 써 본 일 없고, 편지 쓰는 모습을 본 지가 까마득하다. 어쩌다 가계부라도 써보라고 하면 "빠듯한 살림, 적자 면하기 어려운데 가계부는 무슨 가계부!" 하면 그것으로 끝이다. 그러한 형편이니 자식들 어릴 때 학교에서 가지고 오는 가정방문조사서 쓰는 일도 당연히 남편 몫인 줄 안다. 그렇다고 가정이 불우하여 공부를 하지 못한 것도 아니다. 50대 중반의 여성으로서 고등교육까지 받았다면 보통 수준은 되니 말이다.

그래도 아내와 삼십 년 넘게 살 비비며 살고 있는 나는 불만이 없다. 입 촉빠른 여자 만나 동기간에 우애 끊어놓고, 부모 자식 사이에 불화를 만드는 일이 없으니 편안해서 좋다. 때로는 살가운 애교 없는 것이 불만이기는 하지만 기생 첩 거느리고 사는 것도 아니니 그런대로 지낼 만하다. 여자가 기계치면 어떤가. 웬만한 것이야 귀찮긴 해도 남편이 직접 손봐주면 되고 그도 안 되면 서비스센터 부르면 즉각 해결된다. 글 맹인에 글벙어리를 더 했으니 잡글 쓰기를 좋아하는 남편이 어떤 글을 쓰든지 아내에게 타박 맞을 일은 절대로 없어 좋다. 또한, 우리 부부가 오다가다 만나 호적 없이 사는 뜨게부부도 아니니 설령 이런 수다가 아내의 귀에 들어간다 해도 단 며칠간 조금만 불편하면 괜찮을 것이다.

이제 늦깎이로 시작한 수필공부라도 알뜰히 배워서 애교 없는 아내에게 정이 뚝뚝 떨어지는, 조금은 낯간지러운 수필 한 편을 곱게 써서 달 밝은 밤에 호롱불 밝히고 다정스러운 목소리로 읽어주며 어리광이라도 부려보아야겠다. 부부는 일심동체라 했던가. 한쪽이 하지 못하는 일, 남은 반쪽이 하면 된다. 그렇게 사는 것이 편하다. 그래서 불평하지 않고 결점 많은 아내와 잘살고 있다.

✿ 2006. 04. ✿

삶의 방식

한 여인이 있다. 결코 빼어난 미모라고는 할 수 없다. 조그만 체구에 적당히 살이 붙은 오십 대 중반의 여성이다. 나름대로 귀엽다는 인상을 주는 여인이다. 그녀의 손은 더 귀엽고 복스럽다. 평범한 한 남자의 아내가 되어 한 가정을 이루고 아들, 딸 하나씩 낳아 잘 길러 출가시켜 놓았으니 나름대로 행복한 삶이다.

그 여자와 같이 사는 남편은 오늘도 불만이다. 남편의 말을 들어보면 대단한 것도 아니다. 다른 집 아내는 남편이 출근할 때면 양복에 넥타이도 골라주고, 깨끗하게 세탁된 손수건도 챙겨준다는데 도무지 그 여자는 그런 것은 생각하지도 않는다. 단지 그것이 불만이다. 오늘도 "다른 집 아내들은 넥타이, 손수건, 양말 등을 잘도 챙겨준다는데, 당신은 그런 것도 모르나?"하고 불만을 토로한다. 그러면 숨도 쉬지 않고 "있는 곳 다 알고 있고, 자기 취향대로 하면 되지. 뭘 챙겨줘, 챙겨주기는." 하면서 면박을 준다. 그러고 나면 그것으로 끝이다. 어제도 오늘도 그 일은 자기가 할 일이 아니라고 생각해버린다. 자기주장은 강해도 말수는 비교적 적은 편이다. 여자가 좀 살갑게 내조해 주기를 바라지만 어디 한두 해 같이 살았다고 지금에 와서 고쳐질 것인가. 그저 혼자 불평만 해 볼 뿐이다.

그런 그 여자에게도 많은 장점이 있다. 그 여자도 사람이니 남편에 대해서 불만이 왜 없겠느냐마는 겉으로는 여간해서 드러내지 않는다. 30여 년을 같이 살면서 남편이 크게 일을 그르쳐서 낭패를 보는 일이 있었어도, 그 많은 시집 식구 때문에 마음 상하는 일이 있어도 잠시 얼굴빛이 흐려질 뿐 수습대책을 먼저 생각해낸다. 조그마한 체구에 걸맞지 않게 여장부의 기질을 가지고 있다. 넥타이, 손수건 등을 챙겨달라는 남편의 어리광에는 아예 무시하는 태도로 대응하지만, 말이 없어 좋을 때도 있다. 우리 속담에 '여우하고는 같이 살아도 곰하고는 못산다.'고 하지만 말수가 적음으로써 그 가정의 평화는 계속된다. 사소한 일에는 아예 눈감아 버린다. 어쩌다 크게 화가 나면 대판 싸움을 걸어올 때도 있지만 여간해서는 사소한 불만을 말하지 않는다.

시부모님 생존해 계시고 사남매의 맏이에, 팔대 종손 집안의 종부宗婦이니 해야 할 일도 많고 챙겨주어야 할 일도 많다. 일 년에 열두 번 제사 음식을 장만해야 하고, 열두 명 식구의 생일 챙기기도 적어서 양이 차지 않는지 시동생, 시누이 생일까지 챙겨준다. 게다가 무슨 놈의 복이 그리 많아서인지 조카 둘까지 챙겨주어야 할 입장이다. 그러고 보면 그 여자도 참으로 힘든 팔자임에는 틀림없다. 그래도 그 여자는 군소리 한마디 하지 않는다. 게다가 손자, 외손자까지 고만고만한 놈들이 넷이나 된다. 그놈들 치다꺼리도 수월찮을 터인데도 잘도 해낸다.

아직은 살아야 할 날이 많이 남아 있고 자기 몸에 이만한 기운이라도 있으니 가정사 돌보고 가족 건사하는 일을 천직으로 알며 힘든 줄도 모르고 오늘도 자기 앞에 쌓여 있는 수많은 잡다한 일들을 묵묵히 하고 있다. 가끔 넥타이, 손수건 챙겨주지 않는다고 어리광 섞인 불평을 하는 남편을 속 깊은 정으로 달래며 오늘을 산다.

남편은 오늘도 이 여자와 아침밥을 같이 먹고 출근길에 오른다. 내일 아침이면 다시 "여보, 양말 좀 가져와."하고 철없는 어리광을 계속하겠지. 그러면 또 "자기가 알아서 찾아 신어."하며 자기 맡은 일만 계속할 것이다.

남편도 그 아내의 수고를 항상 고맙게 생각하고 있다. 매사에 자상하고 섬세한 사랑을 원하는 남편의 욕심 앞에, 자상해지고 싶어도 가정사에 찌들며 살다 보니 어쩔 수 없이 선 굵은 성격이 되어버린 아내. 이들이 살아가는 방법은 얼핏 보기에 부조화스럽게 보이기도 하고, 가끔은 큰 소리가 들려도 이들이 사랑하며 살아가는 방식이다.

✿ 2006. 04. ✿

고행苦行

지루하다 싶었던 장맛비의 칙칙함이 지나가고 난 뒤의 햇살이 강렬하다. 견공犬公도 엎드려 더위를 피한다는 삼복더위가 이제부터 시작되려나 보다. 그동안 우연치 않게 수필이란 길동무를 만나 짧지 않은 기간을 수필에만 매달려 보았다. 생각하고, 글로 쓰고, 고뇌하는 그 수고로움마저도 즐거움으로 받아들였던 그 기간을 일단은 마쳤으니 홀가분한 마음을 가져본다.

모두 여름휴가를 떠난다고 야단들인데, 우리 부부와 뜻이 잘 맞는 몇십 년 지기 친구 내외와 단출한 마음으로 짐을 꾸린다. 그것도 휴가를 가기 위한 준비가 아니라 여름 땡볕에 고생을 한번 뜻있게 해보자고 길을 떠난다.

천 년 고찰 경주 불국사. 불국토를 염원한다는 이곳에서 전국 만일염불회가 열린단다. 그 소식이야 달포 전에 불교신문을 통해 알고 있었고 동참하기로 작정하였고, 손꼽아 오늘을 기다렸다. 길을 떠나기 하루 전날 또 다른 강한 유혹이 찾아왔다. 성주벌 어디에서 대단한 연극축전이 열린다고 같이 가자는 사발통문이 눈을 어지럽혔다. 눈 한번 질끈 감고 꾹 참았다. 아예 그쪽 사발통문에는 눈길마저 주지 않기로 했다.

전생에 무슨 지독한 업보로 역마살이라도 끼었는가. 길 떠남을 무척이나 좋아하는 우리 부부다. 경주 불국사로 가는 길쯤이야 눈 감고도 찾아갈 터이니 아침 겸 점심을 간단히 챙겨 먹고 힘차게 시동을 건다. 누군가 매미 소리를 벌써 들었다기에 서운해 했는데 불국사 입구 오솔길에서 왕성한 매미 소리가 정겹게 들려온다.

만일염불회萬日念佛會는 '나무아미타불'을 염송하는 행자들의 모임이다. 일만 일을 오로지 '나무아미타불'만을 염송한다. 불국사 앞마당에서 입제식을 시작으로 염불회가 시작되었다. 1년 중에서 가장 더위가 기성을 부린다는 중복 날 한낮에 뙤약볕 가림 시설 하나도 없는 마당에 돗자리 깔고 앉는다. 전국에서 모여든 수백 명이 뿜어내는 염불 행자들의 열기가 하늘을 찌른다. 하늘에서 뿜어내는 한낮의 열기가 오히려 무색하다. 그리고 잠시 목을 축이는 시간 뒤에 무설전無說殿에서 본격적인 염불 수행 정진에 들어간다. 아주 큰 법당이지만 이번에 참가한 모든 인원이 들어가기에는 역부족인 실내에서 한목소리로 장엄염불을 염송한다. 덥다는 말은 차라리 사치스러운 표현인지도 모르겠다. 쉴 사이 없이 쏟아지는 땀이 온몸을 적신다. 준비해간 수건도 흥건히 젖어 땀을 닦는지 물을 바르는지 모를 지경이다. 그래도 모두들 이것쯤이야 하고 있는지 오로지 염불에 열중한다. 그렇게 두어 시간을 넘게 쉬지 않고 줄기차게 정진한다.

잠시 목을 축이는 휴식시간이다. 꿀맛 같다는 말로는 정말 부족하다. 이어서 바로 저녁 예불이다. 처음부터 끝까지 한글의식으로 진행되는 예불이 또 한 시간 넘게 진행된다. 이제는 흐를 땀도 없어졌나 보다. 목이 불같이 탄다. 그래도 가슴속 내면에서 울려오는 기쁜 환희심에 혼자라면 덩실덩실 춤이라도 추어보고 싶다. 힘들다고 빨리 끝나기를 바라는 마음은 없다. 이것도 고행이려니, 수련이려니 생각하니 마음이 편하다.

이렇게 힘든 길을 택한 것에 대한 의미를 되짚어본다. 굳이 종교인이 아니라도 때로는 살아가면서 충전의 기회가 필요할 것이다. 철저하게 자기를 돌아보고 자신의 의지력을 시험해보는 것도 중요하다. 또한, 부처님의 가르침을 따르려는 불자라면 어느 시점에서 자기를 찾고 자신을 뒤돌아보는 자세가 필요하다. 그리고 가끔은 묵은 때 벗겨내듯 자기 안에 있는 번뇌 망상을 떨쳐버려야 할 것이다.

처승자박妻繩子縛이라 했던가. 처자식 부양할 의무에 자기를 나타내기 위한 몸부림으로 때로는 분수에 넘치는 욕심을 갖게 되는 것도 어쩔 수 없는 굴레였다. 그 굴레가 오래되면 마음의 병이 된다. 마음의 병은 약으로 고칠 수 없다 싶어 적당한 시기에 이렇게 고행을 잠시라도 해보는 것이다. 부처님이 설산에서 고행한 것에는 백천만 분의 일에도 미치지 못하겠지만, 온몸에서 흐르는 땀을 욕심덩어리로 생각하니 흘러내리는 땀마저 고맙게 생각된다. 설령 이렇게 땀을 흘리며 하는 수행 자체가 헛된 망상의 행동이라 하더라도 상관이 없겠다. 내가 좋아하고, 내 마음이 편안해진다면 땀으로 목욕하다 못해 흘릴 땀조차 말라버리는 지독한 고행을 하루 이틀 정도 체험해 보는 것도 괜찮으리라 싶다. 이심전심으로 같은 생각을 하는지 곁에서 열심인 아내의 마음이 고맙고 그 모습이 아름답다.

나무아미타불 염불이 자력신앙이니 타력신앙이니 애써 따지지 말자. 염불 수행도 참선, 독경, 간경, 절 수행에 못지않은 하나의 수행 방편이다. 일찍이 마조도일馬祖道一은 즉심즉불卽心卽佛이라 했으니 마음속에서 부처님을 찾고 잠시 동안이라도 마음이 안심입명安心立命하였다면 그것으로 족하다. 그래서 불교를 가리켜 마음 밭을 가는 심경교心耕敎라 했던가.

저녁 공양 후 이어지는 뒤풀이는 낮에 있었던 고행을 보상하려는 배려인가. 사물놀이의 경쾌한 리듬과 아름다운 음악이 지친 심신을 달래준다. 아내의 손을 잡고 살며시 빠져나와 걷는 불국사의 밤길에 홀연히 무리지어 피어난 월견초 꽃망울에 오감의 호강을 더한다. 내일도 이어질 고행 길에 조용히 마음을 다진다.

❁ 2006. 08. ❁

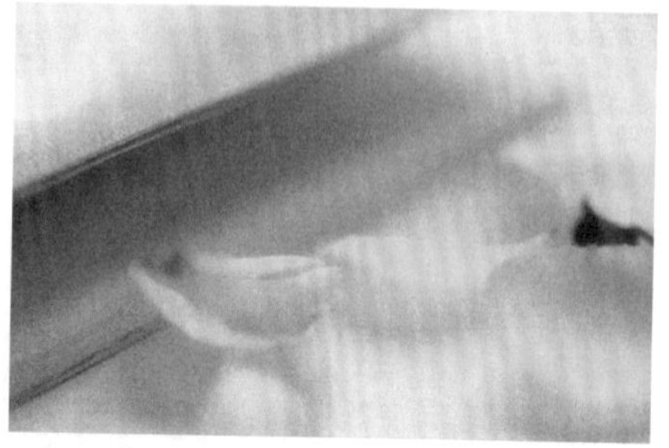

2부

목화꽃 향기 되어

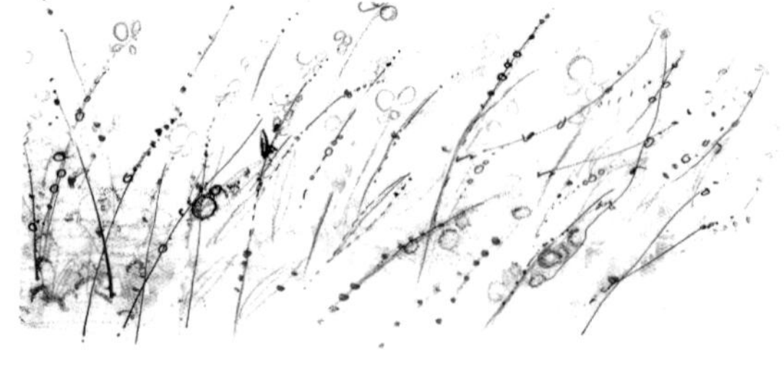

낙엽을 쓸며

고엽(autumn leaves)이라는 음악을 들으며, 구르몽의 시 '시몬, 그대는 좋은가 낙엽 밟는 소리가…….'를 좋아하던 시절이 분명히 있었다. 그러나 중늙은이가 되어버린 지금, 그때의 낭만은 모두 어디로 가고 없는가.

낙엽의 계절 가을이다. 낙엽의 이미지는 원색으로 곱게 물든 모습을 떠올리게 된다. 그러나 실상은 그렇지 않다. 대개의 낙엽은 우중충한 모습에 바짝 마른 몰골을 하고 있다. 낙엽은 나무에서 떨어지는 순간부터 작은 죽음이다.

아침에 눈을 뜨면 제일 먼저 할 일이 낙엽 쓸기다. 주차장을 겸한 앞마당과 골목이 여염집보다는 크고 넓어서 시간이 적잖게 걸린다. 어제 아침에 깨끗이 쓸어놓았는데 언제 그랬냐는 듯이 오늘 아침에도 낙엽이 수북이 떨어져 있다. 봄부터 시작된 잡초와의 끈질긴 전쟁이 채 끝나지도 않았는데 또 다른 전쟁이 시작되었다.

어떤 사람은 낙엽을 왜 애써 쓸어버리느냐고 말한다. 가을의 멋이야 단연 낙엽이다. 나도 처음에는 낙엽을 쓸지 않고 가을을 즐기려고 했었다. 그러나 단 삼일도 지나지 않았는데 온통 집 안팎으로 널려 있는 낙엽이 사방으로 흩날리고 있다. 무엇보다 정갈함이 제일의 조건인 영업장으로는 적절하지 않은 것 같아서 다음날 깨끗이 쓸었다. 낙엽을 쓸어도 문제는 또 있다. 쓸어서 모아 놓은 것을 처리하는 문제가 간단하지 않다. 쉽게 골짜기 후미진 곳에 그냥 담아다 버리면 될 줄 알았다. 바람이 몹시 불던 날, 얼마 전에 내다 버린 것들이 다시 날려 와서 온 마당이 난장판이 되고 말았다. 이래서는 안 되겠다 싶어 다음부터는 알뜰히 모아 소각장으로 직행한다. 아침마다 낙엽 타는 연기와 함께 구수하면서도 매캐한 향기가 후각을 자극한다. 이른 봄에 새싹으로 피어나서 여름을 보내고 늦가을이 되어 자기의 소임을 다하고 떨어지는 낙엽에는 여한이 없을까. 가을이면 낙엽이 되어 떨어지는 것은 자연의 이치라고 하겠으나 무심하게 받아들일 수 있을까.

나 자신도 언젠가는 죽을지도 모른다는 사실이 두렵고 무섭지만, 그것보다 부모님이 돌아가실지도 모른다는 사실 앞에 허탈감이 엄습해 온다. 8월 초순, 삼복더위가 다 지나가지도 않았는데 시커먼 낙엽 몇 장이 흉물스럽게 보도 위에 나뒹굴고 있었다. 잎의 크기로 보아 아마도 오동잎인 것 같았다. 때마침 아버지께서 입원해 계시는 병원으로 가다가 본 낙엽에 언뜻 불길한 예감이 스친다. 아버지는 심장질환으로 병원에 입원하셨다. 위험한 고비는 넘겼다지만 미수米壽를 눈앞에 두고 있다. 게다가 협심증과 부정맥을 앓고 계시니 언제 어떻게 될지 몰라 조바심이 일어난다. 병원에 입원하시기 전에 부정맥으로 심장 박동이 불규칙한 증세가 일어났다. 일찍 서둘러 병원 응급실에 도착하였으나 심장의 박동이 멎는 위험한 고비를 맞으셨다. 다행히 심폐소생술을 받고 생명을 건지신 것을 생각하면 지금도 등골이 오싹하다.

"야들아, 너무 걱정하지 마라. 하루살이는 하루밖에 살지 못한다는데 난 그래도 오래 살았어." 하시며 도리어 자식들을 위로하시는 아버지의 눈가에 이슬이 맺힌다. 아버지 모습이 측은하게 보인다. 나이쯤이야 아무런 상관이 없다. 죽음에 노소가 없다지만 누구나 두려움은 마찬가지일 것이다. 이 세상에 태어난 생명이야 언젠가는 죽음을 맞이하겠지만 연세 높으신 부모님이라고 하더라도 막상 이렇게 돌아가신다고 생각하니 갑자기 슬픔이 겨울바람처럼 밀려온다.

아버지의 병환은 다행히 수술을 잘 받으셔서 달포를 병원에서 보내고 퇴원하였다. 수술 결과가 좋다고 하니 일단은 안심이지만 언제 또 어떻게 재발할지 몰라 걱정이다. 평소 다혈질적인 성격 탓에 살갑게 효도하지 못하고 때로는 언쟁을 벌이기도 했던 기억들이 회한으로 돌아온다. 저 낙엽들이 소리 없이 떨어지듯이 연세 높으신 부모님은 언제 어떻게 될지 몰라 수시로 문안 전화를 드리는 것으로 위안을 삼는다.

오늘 아침에도 낙엽 한 삼태기를 쓸어 모아서 소각장으로 향한다. 낙엽 중에서도 가장 골치 아픈 녀석은 단연 아카시아 잎이다. 크기도 조그마한 녀석들이 수없이 팔랑대며 떨어진다. 게다가 비라도 오는 날이면 땅에 딱 붙어서 잘 떨어지지도 않는다. 빗자루로 쓸어보아도 금방 사방으로 흩어진다. 골치 아픈 녀석이 또 있다. 벽오동, 떡갈나무 잎은 넓고 크기 때문에 얼마 쓸어 담지 않은 것 같은데 금방 삼태기를 가득 채운다. 발로 밟아도 바싹 마른 것들이 제대로 말을 듣지 않는다. 무척 성가신 일이지만 묵묵히 낙엽을 쓸어 담는다. 제발 바람만이라도 불지 않았으면 좋겠다. 바람이라도 부는 날이면 낙엽이 온 집 안팎을 뒤덮어 난장판이 되고 만다.

옛날 아버지가 입춘방立春榜으로 써서 대문에 붙이시던 '소지황금

출掃地黃金出'이란 글귀를 되새겨본다. 인생을 근면과 열정으로 사셨던 아버지이시다. 설령 아버지가 돌아가신다 해도 아버지의 정신을 자식들에게 가르쳐 주고 싶다.

무수히 떨어지는 낙엽을 매일 아침 쓸어내는 것도 산자락에 살면서 가질 수 있는 또 하나의 일거리며 낙이 되었다. 무심한 마음으로 낙엽을 쓸어 모아 소각장으로 향한다. 검은 연기와 함께 붉은빛으로 활활 타오른다. 며칠 후에는 녀석들이 타고 남은 재를 삼태기에 담아서 마늘 파종 밭에 뿌려주어야겠다. 낙엽의 소임은 끝나지 않았다.

✿ 2009. 10. ✿

아재

"아재, 오랜만입니다." "어이구! 조카님도 오랜만입니다." 친척 자녀 결혼식장에서 나이 많은 조카와 나이 적은 아재와의 대화이다. 인사를 받으면서도 나이 적은 아재는 어색해 한다.

국어사전에서 '아재'는 '아저씨'를 낮추어 부르는 말이라고 한다. 그런데도 우리 경상도에서는 '아재'라는 호칭을 사용한다. 아저씨라고 부르면 왠지 친밀감이 떨어지는 것 같이 느껴진다. 그래서 아저씨라는 호칭보다는 아재라고 부르는 편이 정이 더 가는 것 같다. 아마도 경상도 지방 사람들의 특색인지도 모르겠다.

아재는 아버지 항렬의 촌수를 말한다. 그러니까 촌수로는 5촌, 7촌, 9촌 되는 사람을 통틀어서 모두 아재라고 부른다. 3촌 즉, 아버지의 형제들은 결혼하기 전까지는 아재라고 호칭하지만 결혼하고 나면 큰아버지 혹은 작은아버지로 호칭이 바뀌므로 아재라는 호칭을 사용하지 않게 된다.

나에게는 이상하게 아재가 많다. 아재는 손위의 항렬이다. 당연히 나이가 많은 아재들도 계시지만, 나와 비슷하거나, 나이 적은 분들도 많다. 우리 집안의 당숙도 나보다 나이가 적고, 같은 항렬의 고

모, 이모도 나이 적은 분들이 있다. 그중에서도 아버지 외가外家가 되고, 나에게는 진외가陳外家가 되는 집안의 아재들이 대충 20여 명 쯤 되니 아재라고 불러야 할 사람들이 많다. 요즈음 사람들은 진외가가 무엇인지도 모르고 사는 사람들이 많겠지만, 나의 진외가는 한동네에서 같이 살았고 몸으로 부딪치며 자랐으므로 외가만큼이나 가깝게 지낸다.

초등학교 때의 일이다. 나보다 두 학년 아래 오촌 당숙과 진외가 아재가 같은 학년에 다녔다. 어느 날이었던가. 두 사람 사이에 사소한 싸움이 있었다. 나는 당연히 친가 쪽 당숙 편을 들어서 진외가 아재를 혼내준 일이 있었다. 얼마 후 진외가에 놀러 간 나는 우스개 섞인 훈계를 한참 동안 들어야 했다. 똑같은 촌수이니 누구 편을 든 것은 잘못이라는 것이었다. 할아버지 쪽에서 보면 당연히 당숙이 가깝겠지만, 할머니 편에서 보면 진외가 아재가 더 가깝게 생각된다.

옛 어른들 말씀에 "한마당에서 열 촌 난다."라고 했다. 따지고 보면 나이 적은 아재들이 있다는 것이 이상할 것도 없다. 그러나 그렇게 단순한 문제가 아니다. 조카와 아재 사이에 나이가 열 살 이상 차이가 나면 위 항렬인 아재들이 더 어색하게 여긴다. '끌(늦) 아재비 올 조카 장짐 지고 간다.'고 했던가. 다 옛말이다. 나이가 아무리 많아도 아재는 아재이고 조카는 조카일 뿐이다. 나이가 많다고 나이 행세를 했다가는 혼쭐나기 십상이다.

어릴 때 나이가 비슷하고 초등학교를 같이 다닐 때에는 아재들과 싸우기도 많이 했다. 아재들 등쌀에 마음고생도 많았다. 그러다 때로는 나이 적은 아재들은 나에게 혼이 나기도 했다. 그러다 차츰 나이가 들면서 같은 또래의 아재들과는 막연하게 지낸다. 그러나 차이가 많이 나고 자주 만나지 않는 사이라면 서로 어색해지는 경우가 생긴다. 지금은 나이 적은 아재들도 차츰 나이가 들고 이런 일 저런 일로 자주 만날 수 있어서 정도 들고 어색한 분위기도 많이 해소되고 있다.

친척은 많을수록 좋은 것이다. 나이에 관계없이 아재들이 있어 행복하다. 사람 사는 곳에 사소한 갈등이야 없을 수 없겠으나 그들과 어울리며 정 나누고 살아가는 것이 행복하다. 아재들이 많다 보니 길흉사도 따라서 많이 생긴다. 잔치라도 벌어지면 촌수에 관계없이 술잔을 나누며 진한 농담도 건넨다. 그러면 모두 박장대소를 하며 한바탕 웃음바다가 되기도 한다. 그러고 헤어지면 또 그분들이 그리워진다. 한동안 못 만났다 싶으면 전화로 안부를 묻기도 한다. 그러다 그중 어느 분이라도 세상을 떠나시거나 불행한 일이라도 생기면 자기 일인 것처럼 모여서 슬픔을 나누고 서로를 위로한다. 그런 분위기가 좋다. 이러한 일들이 모두 정을 쌓아가는 것이고 인정 나누며 살아가는 우리들의 모습이다.

✿ 2009. 03. ✿

60대의 마마보이

"어머니, 쑥떡 좀 해 주세요. 두릅도 좀 꺾어 주시고요."

봄을 타는가. 갑자기 어머니가 만드신 쑥떡을 먹고 싶었다. 며칠 후 어머니가 살고 계시는 성주로 가서 정성껏 만드신 쑥 절편 한 바구니와 두릅을 가지고 왔다. 낮에는 아내와 같이 어머니 표 쑥떡으로 배불리 먹고, 밤늦은 시간에는 산채두릅을 살짝 데쳐 초고추장에 찍어 막걸리를 마신다. 새봄의 향긋한 냄새가 오감을 자극한다.

팔순을 훨씬 넘기신 어머니에게 나는 아직도 당연하다는 듯이 음식을 만들어 달라고 한다. 그러면 어머니께서도 당신이 꼭 해야만 하는 일처럼 기꺼이 해 주신다.

지난 설에도 어머니는 두부와 한과를 만들어 오셨다. 지난해뿐만 아니라 매년 명절 때면 어김없이 손수 만들어 오신다. 어머니가 명절 때마다 두부, 한과, 다식 등을 만들어 오시는 것은 우리 집의 오래된 전통이다.

요즘은 모든 음식을 시장에서 얼마든지 살 수 있다. 그러나 사서 먹는 음식은 어쩐지 제 맛이 나지 않는다. 비록 연세는 높으시지만 어머니가 만들어 주시는 음식이 내 입에 최고다. 특히 계절 음식은 더욱 그렇다.

아직도 나는 어머니의 손맛이 그리운 60대의 마마보이인가 보다.

KBS대구방송국 제2라디오 '김영숙의 가요앨범'에 방송(2010. 5. 23.)

2010. 05.

청려장靑藜杖

앙증스러운 파란 새싹이 팔공산 자락 남새밭 한 귀퉁이에 돋아났다. 지천으로 깔린 것이 풀이다. 그중에서도 가냘픈 한 포기의 풀에 눈길이 머문다. 몇 발자국 뒤에는 바싹 마르고 죽은 풀의 시체들이 무수히 늘려 있다. 지난해에도 애써 관심을 두었던 명아주 풀이다.

처녀가 시집가기 싫다는 말과 함께 나이 드신 노인들이 '일찍 죽고 싶다.'라는 말이 삼대三大 거짓말 중의 하나라고 한다. 사람은 누구나 장수長壽하기를 원한다. 예로부터 수복壽福을 인생의 큰 바람으로 여겼다. 오래 사는 그 자체가 복이었고, 복 많은 사람치고 장수하지 않은 사람은 드물었다. 새파란 나이에 일찍 죽는 것을 요절夭折이라 하여 박복의 대명사로 여겼다.

아버지와 어머니께서 수복은 타고나셨는가. 연세가 벌써 미수米壽를 훌쩍 넘기셨다. 특히 아버지께서는 몇 년 전까지 건강이 좋으셨는데 근래에 들어 연세가 높으신 관계로 자연 거동이 매우 불편하시다. 무릎 관절이 좋지 않으신 탓이다. 사람의 몸도 오래 쓰다 보면 고장이 나는 모양이다. 기계라면 고장 난 부분의 부속품을 갈아 끼우면 그만이겠지만 사람의 몸은 그렇게 할 수도 없다. 거동이 불편하시니 자연 건강도 나빠지고 있다. 고령이시니 수술로도 해결할 수 없다고 한다. 그 모습이 다름 아닌 20년 후의 내 모습을 보는 것 같아 안쓰럽기만 하다.

그렇지 않다 하더라도 지금쯤 지팡이라도 하나 마련해 드리는 것이 자식의 도리이다. 늦은 감은 있지만, 지난해부터 부모님에게 지팡이를 만들어 드리고 싶어 집 근처에 돋아난 명아주 풀에 눈길이 자주 갔다. 명아주 풀로 만든 지팡이를 청려장이라고 한다. 청려장은 가볍고 탄탄하고 모양도 매우 좋아서 노인들에게 드리는 지팡이로는 최상의 선물이라 한다. 청려장을 만들어보겠다고 명아주를 마냥 지켜보기만 하였으니 성공할 수 없었나 보다.

청려장은 통일신라시대부터 임금이 장수 노인에게 직접 하사하였다고 전해진다. 조선시대에도 청려장의 풍습이 이어졌다 한다. 나이 50세가 되었을 때 자식이 아비에게 바치는 지팡이는 가장家杖이요, 60세 때 마을에서 주는 것을 향장鄕杖, 70세 때 나라에서 주는 국장國杖, 80세가 되었을 때 임금이 하사하는 것을 조장朝杖이라 했다. 그러나 보통 민가에서 전해오는 풍습으로는 옛날부터 노인들의 지팡이는 자식들이 장만하지 않는다고 한다. 자식의 친구들이 마련하여 선물로 드리는 것이 좋다고 한다. 그러나 세월도 변했고, 나도 내 친구 부모님에게 지팡이 선물을 하지 않았으니 언감생심 바랄 수도 없는 일이다. 또한, 노인들에게 애써 지팡이를 만들어 드리지 않아도 될 만큼 건강하시므로 친구 부모님에게 지팡이를 만들어 드리는 아름다운 풍습도 사라졌다. 부득이하게 자식들이 장만해 드려야 한다.

지난해의 실패를 거울삼아 올해에는 때맞추어 거름도 주고 물도 주어 정성껏 가꾸어야겠다. 가을쯤 명아주 풀이 튼실하게 잘 자라면 참하고 튼튼한 청려장 지팡이라도 부모님께 하나씩 만들어 드려야겠다. 그것으로 아주 작은 효도라도 하고 싶다.

20년 후쯤, 나도 자식에게 청려장 지팡이라도 선물 받을 수 있을까?

✿ 2008. 04. ✿

목화꽃 향기 되어

남자가 별스럽게 야생화를 좋아해서 아파트 베란다에 야생화를 가꾸고 있다. 적지 않은 50여 개의 화분에 철 따라 피는 야생화가 귀엽고 앙증스럽다. 야생화는 각자 나름대로의 특성과 개성을 가지고 있다. 그중에서도 목화꽃에 대한 애정이 남다르다.

한 집에 같이 사는 아내도 목화꽃을 유별나게 좋아하는 이유를 알지 못한다. 꿈에 목화밭을 자주 만난다. 가을이 다 지나갈 무렵 비탈진 뙈기밭 가득 찬 목화밭이다. 수명을 다하여 바짝 말라가는 줄기와 가지에 눈송이처럼 하얗게 달린 목화다. 거기에는 목화를 따는 할머니가 계신다. 검은색으로 물들인 치마는 목화 속에 가려 보이지 않고 하얀 무명 저고리 입고 목화 따는 할머니가 보인다. 할머니는 그렇게 살았다. 그렇다. 정녕 할머니는 목화이셨다.

할머니는 열네 살의 어린 나이에 열다섯 살 신랑을 서방님으로 맞아 시집왔다. 열일곱 되던 해에 첫 아들을 생산한 후, 하늘같이 믿고 살았던 서방님은 돈 벌어 오겠다고 훌쩍 일본으로 떠났다. 아직은 열여덟 새색시였던 할머니는 일본으로 떠나는 서방님에게 작별의 인사도 제대로 하지 못하고 운명처럼 순종하며 살았다. 서방님 떠나가신 지 십여 년 만에 서방님이 잠시 다니러 와서 둘째 아들 하나 더 만들어 주고 또 바람처럼 떠나갔다.

시집살이 아무리 힘들다 해도 서방님 낳아주신 친 시부모, 서방님이 양자 들어간 양 시부모 네 분 어른들을 한 집안에서 모시고, 철없는 시동생, 시누이와 밤톨 같은 두 아들 의지하고 살았다. 할머니는 서방님 정 모르고 살다 보니 자식에 대한 애착이 어느 부모보다도 더 유별났다. 본래부터 자손이 귀한 집안의 내력으로 한 대 건너 한 대, 양자로 대를 이어온 집안인지라 아들 형제 점지해 주신 조상님들께 감사하는 마음으로 살았다. 그러다 해방이 되고 일본에서 돌아오신 서방님이 채 3년도 같이 살지 못하고 맹장염으로 추정되는 병으로 마흔 살도 못 된 나이에 세상을 떠나고 말았다.

예나 지금이나 농촌 살림살이야 다 그렇고 그런 것. 살림살이 형편이 그렇게 어렵지는 않았다지만 밭에서 하는 일 중에 밭가는 쟁기질 같은 험한 일을 제외하고는 거의 여자들 몫이었다. 밭일 중에서도 목화 따서 물레 돌려 실 뽑고 베틀 메어 베 짜는 일은 전적으로 할머니 몫이었다.

첫 아들 열여덟 살에 장가보내 놓으니 운이 좋아서인가 이듬해 첫 손자 보았으나 첫 돌도 지나기 전에 저 세상으로 보내고, 두 번째 손자로 내가 태어났다. 첫 손자 허무하게 잃어버리고 얻은 두 번째 손자인 나는 선천적으로 몸이 매우 약했다. 그런 나에게 할머니가 쏟은 정성은 참으로 대단했단다. 첫돌을 얼마 앞둔 어느 날부터 불덩이 같은 열병으로 사경을 헤맬 때, 할머니는 어머니를 제쳐놓고 몇 날 며칠 동안 밤낮 가리지 않고, 업고 안고 간호하시다 돌 전날 밤 깜박 졸았다는데 꿈속에 백발노인이 나타나서 "새벽닭이 울 때까지만 지나면 죽지 않는다. 새벽 첫닭 울 때까지 정성을 다해 간호해라."라고 하셨단다. 드디어 첫닭이 울고 날이 밝았다. 돌날 아침부터 차차 열이 식어 갔다. 모두 조상님들의 덕이라고, 조상님들의 음덕으로 손자 하나 건졌다고 할머니는 항상 입버릇처럼 말씀하셨다. 그 후로도 툭하면 잔병치레를 하는 손자는 애물단지였겠지만 간호하고 보살피는 것을 낙으로 삼고 사셨다.

아무리 손자가 귀여워도 할 일은 해야 했다. 그럴 때 할머니께서 항상 나를 옆에다 두고 일을 하였다. 집안에서 하는 일이야 그렇다 하더라도 바깥 들일을 할 때에도 항시 데리고 다녔다. 목화밭 김맬 때에도 나는 할머니 곁에 있었고, 목화를 따는 가을철에도 코를 훌쩍이면서 할머니 치마폭을 잡고 졸졸 따라다녔다. 그렇게 할머니를 따라다니는 것이 버릇처럼 되었다.

때를 잘 맞추면 덜 익은 목화 열매를 참으로 많이도 따먹었다. 그것을 우리는 목화 다래라 했다. 군것질거리가 귀하던 시절 목화 다래도 훌륭한 먹을거리였으니 쌉스름하면서도 달착지근한 맛이 그런대로 먹을 만했다.

할머니는 그렇게 사시다가 어느 늦은 가을날, 늦은 시간에 목화꽃 향기 되어 조용히 유언 한마디 남기지 않으시고 이슬처럼 하늘나라로 가셨다.

어린 시절, 그때의 추억 때문인가. 나는 목화만 보면 할머니를 생각한다. 한 여름날 하얀꽃으로 피어나는 목화꽃도 아름답다. 찬 서리 내리는 늦은 가을 무리지어 피어나는 목화는 할머니 모습이다.

한여름 덜 익은 목화 다래를 따서 한입 가득 베어 물고도 싶다. 서리 내리는 늦은 가을, 때 묻지 않은 모습으로 곱게 피어나는 목화를 한 소쿠리 따보고도 싶다. 그것들이 그리워 목화꽃을 나는 야생화 반열에 올려놓고 매년 씨를 뿌리고 정성껏 가꾸고 있다.

✿ 2006. 05. ✿

목화꽃은 피었는데

사흘 열 끼니를 굶은 시어미 앙탈부리듯 하던 가을 장맛비가 끝난 하늘에 기러기 떼들이 줄지어 날아가고 있다. 마당 한 귀퉁이에 얌전히 자리 잡고 있는 벽오동 열매는 달그락거리며 가을 소리를 물고 있다. 또한, 내가 가장 아끼고 사랑하는 야생화와 함께 목화도 열매가 익어 희고 탐스러운 솜덩이를 활짝 피워 놓았다.

이제 오래지 않아 겨울이 다가옴을 알려주고 있다. 두어 달 남짓 지나면 또 한 해가 저물어갈 것이다. 시간의 흐름이야 자연의 법칙이겠고 거기에 순응하며 살아가는 것이 인간들이지만, 한 해 한 해 지나갈 때마다 아버지와 나에게는 마음을 졸여오는 어떤 회한 같은 것이 남아 있다.

사람의 운명이란 정해져 있는 것인가. 어느 종교에서 말하는 예정론이나 운명론 같은 것이 있어, 살아있을 때에도 주어진 운명대로 살아가야 하고, 죽어서도 어떤 계획표에 따라 각자에게 주어진 장소에 묻히는 것일까? 알다가도 모를 일이다. 어쩌다 그렇게 되었는지 모르겠다. 단지 그때 당시의 단순한 판단이 지금 이렇게 가슴을 짓누르는 회한으로 돌아오고 있으니 말이다.

할머니 가신 지도 벌써 30년도 훨씬 지난 세월이다. 그래도 할머니만 생각하면 가슴속이 메인다. 홀로 외진 곳에 떨어져 잠들어 계시는 분을 가까이 모시지 못하는 것이 마음의 가시못이 되어 폐부를 찌른다. 하얀 목화송이처럼 순결하면서도 고귀한 삶을 살다 가신 할머니. 할아버지와 가까이 모시지 못하고 몇 년에 한 번도 못될 만큼 어렵게 찾아뵈어야 하는 외진 산협 한 자락에 있는 산소가 눈에 선하다.

할머니가 우리 집안으로 시집오신 때가 열네 살 나이셨단다. 그 어린 나이에 열다섯 살 신랑을 맞아 오신 후 열일곱에 첫 아들 보신 후 무정한 할아버지께서는 바람처럼 훌쩍 떠나가 버렸다. 넉넉하지 못했던 살림살이 일으켜 보겠다고 일본 땅으로 건너가 버린 것이다. 그 후 십여 년 발길조차 없다가 어느 날 바람처럼 곁으로 잠시 오셨다가 또, 아들 하나 선물로 남겨 두고 다시 바람처럼 훌쩍 떠나버렸다. 그리고 10여 년, 해방이 되어 할아버지는 돌아왔지만 운명은 여기까지인가. 할아버지가 돌아온 후 삼 년도 채 정 붙이고 재미있게 살아보지 못하고 몹쓸 병으로 떠나보내야 했다. 그렇게 할아버지는 고향 뒷산 공산에 묻히었다.

서방님께서 타국 땅에 있을 때나, 저세상으로 가신 이후에도 힘든 시집살이에 무명치마 흰 저고리로 한평생을 사셨다. 적지 않은 재산에 상머슴, 꼴머슴 두고 농사를 지었지만 할머니는 항상 일을 손에서 놓지 않았다. 목화밭을 일구어 베를 짜시고 손수 가족들의 옷을 지어 입히던 시절이었으니 할머니만 생각하면 목화가 먼저 생각난다. 내 어린 시절도 할머니를 따라 자연스럽게 목화밭을 가까이 하였다. 늦은 봄에 씨 넣어 파종하고 나면 이어서 순백색의 목화꽃이 피고 꽃이 진 자리에 다래가 탐스럽게 열린다. 스산한 가을바람이 옷깃을 스치는가 싶으면 드디어 하얀 속살을 드러내며 제 본분을 다한다. 이렇게 살아오던 농촌생활도 오래가지 못하고 우리 가족은 서울로 이사해야 했다.

혼란의 시절, 호방한 성격의 아버지께서 할아버지가 이국땅에서 힘들게 일구어놓은 적지 않은 재산 다 날려버리고 서울로 이사를 하였다. 낯설고 물조차 선 서울 살림살이가 어디 쉬웠겠느냐마는, 그래도 효심 많은 아버지의 봉양으로 끼니는 굶주리지 않았다지만 고생의 연속이었다. 게다가 할머니께서 신장염을 앓고 계셔서 오래 사시지 못하시고 눈이라도 오려는 듯 잔뜩 찌푸린 초겨울 날 목화꽃 향기처럼 저세상으로 가시었다. 평생에 즐겨 입고 계시던 무명치마 저고리 바람으로 임종을 맞이하셨다. 살아계실 때에도 박복하게 사시더니 임종시에도 누구 하나 지켜보지 못하고 혼자 외롭게 운명을 맞이하였다. 부랴부랴 숙부님께 연락하고 일가친척이 모여들었다. 없는 살림살이에 대단한 장례 절차가 있는 것도 아니겠으나 그래도 누대로 내려온 가문의 예에 따라 산소에 모시기로 하였다. 아버지는 고향으로 이운하여 모시자고 하였지만 숙부님께서 반대의견을 내셨다.

"기왕에 서울사람이 되었으니 앞으로 관리하기에도 편리한 서울 근교 공원묘지에 모시기로 합시다."라는 말 한마디에 할머니는 서울 근교 의정부 지나 어느 산촌 공원묘지에 안장되었다.

사람의 일이란 생각대로, 계획대로 되는 일이 아닌가 보다. 할머니 돌아가시고 나서 아버지께서 다니시던 회사가 몹시 어렵게 되었다. 회사를 그만둔 아버지는 여러 가지 일을 하였으나 하는 일마다 실패를 거듭하였다. 그때 마침 내가 공무원 시험에 합격하여 대구로 발령을 받았다. 군 복무를 마친 후 복직한 후 우리 가족도 대구로 이사를 하였다. 영원히 서울 사람이 되어 서울에서 살 줄 알았던 우리 가족은 그렇게 할머니를 먼 북쪽 하늘 밑 어느 골짜기에 남겨두고 다시 고향 가까운 곳으로 오게 된 것이다. 할머니 산소를 찾아가자면 시간적, 금전적으로 부담이 되는 처지에 놓이게 되었다.

지금도 연세 드신 집안 어른들은 "할머니를 고향으로 왜 모시지 않느냐?"라고 힐책을 담아 말씀하신다. 요즈음 같이 교통편이 좋고 모든 여건이 좋은 세상에 산소 이장 하나 하는 것이 크게 어려운 일은 아니다. 처음 할머니 산소 이장 문제를 거론했을 때 숙모님께서 "조상 산소 옮겨 덕 될 것 없다."라며 완강히 거부하셨다. 숙모님뿐만 아니라 집안의 맏종부인 아내도 그렇고, 가족 대다수가 반대하는 눈치다.

할머니와 할아버지는 어떤 인연으로 부부의 연이 맺어졌을까? 살아서도 평생을 같이 해로하지 못했고 죽어서도 천 리 머나먼 땅에 떨어져 잠들어 있다. 누구의 잘못도 아니다. 형편에 따라 그 당시에는 최선의 선택을 한다는 것이 지금은 도리어 어려워졌다. 공원묘지에 잠들어 계시니 관리에는 문제가 없겠지만 자손의 도리로 자주 찾아뵙지 못하는 것이 죄스럽다. 아버지는 지금이라도 당장 고향으로 묘소를 옮겨 이장하고 싶어 하시지만 딱 부러지게 결단을 내리지 못하고 40여 년을 어정쩡하게 보내고 있다. 아버지 연세도 팔순을 넘기셨으니 언제 어떻게 될지 장담할 수 없다. 아버지 살아생전에 어떻게 하든지 할머니 산소를 할아버지 곁으로 모셔야 한다는 강박관념이 가슴을 짓누른다. 올해에도 목화꽃은 피었는데, 집안의 종손 된 몸으로 이러지도 저러지도 못하고 속으로만 벙어리 냉가슴 앓듯 해야 하는 내 처지가 안타깝기만 할 뿐이다.

✿ 2007. 10. ✿

겨우살이 나무

겨울에 깊은 산중에 가보면 활엽수의 잎은 다 떨어진 나뭇가지 끝 부분에 파란 잎을 달고 있는 또 다른 나무를 볼 수 있다. 겨우살이 나무이다. 겨우살이 나무는 자기 스스로 땅에 뿌리를 박고 사는 것이 아니라 다른 나무에 기대어 살고 있다. 때로는 기생寄生나무라고도 한다.

모든 생명체는 더부살이인지도 모르겠다. 그 어떤 생명체든 오로지 자기 혼자서는 살 수 없기에 누군가에게 기댈 수밖에 없는 존재이기 때문이다. 우리도 어쩌면 모두 겨우살이 나무와 같은 존재일 수 있다. 우연이 아닌 필연적인 인연으로 한 부모의 자식으로 태어나 그 부모의 그늘에서 성장한다. 어느 정도 성장하여서는 부모 곁을 떠나 한 가정을 이루고 독립하여 살아가는 경우가 많지만, 몸은 독립하였으나 마음은 부모님이 이 세상을 떠날 때까지 기대고 산다. 그러나 부모는 그것을 당연하게 받아들이며 고통이나 멍에로 생각하지 않고 보람을 느끼며 살아간다.

연로하신 부모님이 계신다. 팔순의 나이를 넘기신 부모님은 아직도 우리 형제에게 나누어주기 위해 먹을거리를 장만하여 때맞추어 갖다 주신다. 그것이 비록 대수롭지 않은 깻잎 몇 장, 무말랭이 한 보자기일지라도 우리에게 주려고 노력하고 그것을 받아먹는 우리들은 거기에 너무도 익숙해져 있다. 말로는 이런 것 가져오시지 마시라고 하면서도 때가 되면 은연중에 또 기다려지는 것을 생각해 보면 참으로 어이없는 일이다. 이제 편히 쉬어도 좋으실 터인데도 부모님은 그것이 당연한 의무인 양 오늘도 마른 무말랭이와 봄나물 등 몇 가지 먹을거리를 한 보퉁이 가지고 오셨다. 이렇게 사는 우리도 어떤 의미에서는 겨우살이 나무에 해당되는 것이 아닐까.

내 슬하에도 아들, 딸 두 자녀가 각각 독립하여 가정을 꾸리고 있지만 결혼한 지가 5~6년이 지나도록 아직도 우리 집에서 김치를 담아 나누어 주고 있다. 저희들이 할 줄 몰라서가 아니겠지만, 지난 가을 김장할 때는 100포기가 넘는 김장 김치를 만들어 자식들에게 나누어 주어야 했다. 우리 부부 먹을 것 외에 자식들 몫과 우리 형제 4남매들에게 나누어 줄 김치까지 포함되었으므로 당연히 많은 양의 김치를 장만했어야 했다. 이렇게 많은 김치를 담그면서도 아내는 싫은 내색을 하지 않는다. 몸은 고달파도 행복해하는 모습을 보면 우리도 또 하나의 부모로 살아가고 있나 보다. 어디 김치뿐이겠는가. 내가 모르는 또 다른 반찬이나 먹을거리를 만들어서 나누어 주겠지.

우리들의 위치를 자세히 보면 자식이면서도 또 한편으로는 부모의 입장에 있다. 그러므로 내가 부모에게 기대어 사는 겨우살이와 같은 존재라면 나에게도 기대어 사는 자식이 있으니 가장 공평한 것 같다는 생각이 들 때가 있다. 그러나 내가 부모님에게 기대어 살고 싶은 마음은 크면서도, 내 자식에게는 인색하지 않았나 하고 반문해보기도 한다. 어디 부모 자식 간에 주고받는 것을 저울대로 달듯이 계산할 수 있겠는가. 그저 마음속으로 받는 정이 한없이 고맙고 주는 정이 적을 것 같아 가슴 저밀 때가 가끔은 있지만 그것도 행복한 속앓이일 테니 괜찮겠지.

"나무가 고요히 있고자 하나 바람이 그치지 않으며, 자식이 부모님께 효도하고자 하나 부모가 기다려 주지 않는다."라는 시를 기억한다. 부모님 살아 계실 적에 하는 효도가 참 효도라고 한다. 또한, 부모 죽고 나서 효자 안 되는 사람 없다고도 한다. 부모님 돌아가시고 나서 아무리 제사를 잘 모시고 애달파한들 무슨 소용이 있겠는가. 우리가 비록 겨우살이 나무같이 부모님께 항상 기대며 산다고 할지라도 비교적 건강하신 모습으로 부모님이 그것을 낙으로 삼으신다면 또 그렇게 살아가는 것도 괜찮으리라. 우리도 또한 똑같은 그 길을 걸어가고 있으며 죽을 때까지 그렇게 살아야만 하는 것이기에 말이다.

요즈음에는 니트(NEET; Not in Education, Employment or Training)족도 있다고 한다. 기초교육만 겨우 이수하고 더 이상 교육도, 직업훈련도 받으려 하지 않고, 직업도 없이 집안에만 박혀 부모의 그늘에서만 살아가는 무리들을 일컫는 말이다. 아직 우리나라는 그렇게 심각할 정도는 아니고 이웃 나라에 많다지만 언제까지나 우리나라도 안전하다 할 것 같지는 않다. 부모의 과잉보호가 부른 일종의 병폐가 아닐까. 만일 이런 사람이 있다면 이는 정녕 겨우살이 나무보다도 못한 존재이리라. 그 부모가 이 세상을 먼저 떠날 터인데 부모가 떠나고 나면 이 사람들은 어떻게 살아갈까? 그렇게 살아가는 자식도 문제이지만 그렇게 키워온 부모의 잘못도 적지 않을 것이며, 또한 현대사회가 안고 있는 고질병인지도 모른다.

부모 자식 사이에 적당한 보호와 기대심리는 우리를 살찌우게 하지만 지나친 보호, 기대심리는 사회를 병들게 하는 원인이 된다고 생각해 본다.

✿ 2006. 04. ✿

호랑이는 풀을 먹지 않는다

파란 가을 하늘이 무척이나 곱다. 조금만 눈길을 돌리면 황금빛 들녘에 벼 이삭이 고개를 숙이며 제 빛을 찾아가고 있다. 입추를 지난 지가 한참 되었지만, 이때부터 가을이 시작되는 것 같다. 이맘때면 대부분의 사람은 조상님들의 산소에 벌초를 하러 간다. 그리고 추석 명절을 맞이한다.

우리도 예외는 아니다. 우리 집이 종손집안이니 벌초를 해야 할 산소만 해도 십여 기基가 훨씬 더 된다. 게다가 뿔뿔이 흩어져 있는 자손들이 이때만큼은 고향으로 모이니 벌초를 하기 위해 날짜 정하기가 여간 어려운 것이 아니다. 보통 여름휴가가 끝나고 더위가 한풀 꺾이는 9월 초순부터 중순까지의 기간에 벌초를 한다. 그래도 매년 일정을 잡기가 만만하지가 않다. 다행히 올해에는 윤달이 있어 추석까지 시간적 여유가 많은 편이다.

집안에서 종손인 내가 깊은 생각 없이 예년보다 좀 늦다 싶은 9월 중순이 지나가는 어느 일요일을 택하여 벌초하겠다고 아버지에게 말씀을 드렸다. 그런데 아버지께서 첫마디에 거절하신다. "아직 윤 칠월인 것 모르느냐? 음력 7월 벌초는 상놈들이나 하는 짓이다."

하신다. 아차, 싶었다. 몇 년마다 윤달이 있는 해가 되면 듣는 말씀을 또 깜박 잊어버린 것이다. 어른 말씀이 그러하시니 어쩔 수 없이 일정을 다시 정하여 통보하고 하는 북새통을 한차례 겪어야 했다.

조상님들을 섬기는 일에 산소 벌초 문제보다 더 어려운 것이 있다. 지금까지 우리는 4대 봉제사를 꼬박꼬박 모시고 있다. 게다가 고조부께서 일찍 상처를 하셨던가, 고조모님이 두 분이시다. 그러니 일 년에 기제사만 아홉 번을 지내야 한다. 가세가 기울어 지금보다 훨씬 어려웠던 시절에도 기제사만큼은 단 한 번도 모시지 않은 일이 없었다. 아니 기제사를 지내지 않으면 당장에라도 돌아가신 조상님들이 불호령이라도 내리시는 줄 알았다.

제사에 대한 집안 동생들의 불만이 많다. 특히 제수씨들 쪽에서 더 심한 것 같은 눈치다. 요즘 세상에 4대 제사 모시는 집안이 어디 있느냐는 것이다. 시대에 맞게 2대까지만 기제사를 지냈으면 하는 눈치들이다. 그러나 어쩌다 그들의 이런 쑥덕공론이 아버지 귀에 들어가기라도 하면 당장에 불호령을 내리신다. "호랑이는 아무리 굶주려도 풀을 뜯어 먹지 않는 법이다. 너희 편해지자고 조상 대대로 전해져 내려온 기제사를 안 모셔!"하고 한마디로 거절하신다. 순식간에 모두 자라목이 된다. "그래, 그렇게 살자. 이제까지 잘 지켜온 우리 집안의 내력을 애써 고치려 하지 말자." 하고 생각을 굳힌다. 그런데 자신이 없다. 아버지가 생존해 계실 때에는 어떻게든 벌초며 봉제사 문제가 강압적으로라도 지켜지겠지만, 아버지 가시고 나면 내가 아버지처럼 끝까지 지킬 수 있을까 심히 걱정이 된다.

"아버지, 요즈음에는 호랑이도 때로는 패스트푸드 음식도 먹는데요."하고 변명할 날이 오지 않았으면 좋겠다.

✿ 2006. 09. ✿

제수씨를 보내며

올해 우리 가족에게 4월은 참으로 잔인한 달이다. 제수씨의 마지막 49재를 올리고 찾아가는 산소에는 벚꽃과 진달래가 화사하게 피어 산천을 곱게 물들이고 있다. 그러나 그 꽃의 아름다움을 입에 올리는 사람은 아무도 없다. 그날따라 지독한 황사마저 몰려오고 있다.

제수씨의 큰 병은 지난해 4월 초부터 시작되었다. 처음에는 대수롭지 않게 소화가 안 되는 정도의 병으로 생각하고 동네 의원을 몇 주일 다녔단다. 그래도 차도가 없어 큰 병원으로 옮겨 정밀 진단을 한 결과 십이지장암이라는 판단이 내려졌다. 하늘이 무너지는 충격이었다. 생명을 구하려고 서울을 오가며 십여 달 동안을 항암 치료를 받았지만, 올해 2월 중순 끝내 명줄을 놓아버리고 말았다. 자는 듯이 고운 모습으로 이 세상 인연을 끝낸 제수씨를 보면서 우리 부부가 할 수 있는 것은 두 손 모아 합장하고 극락왕생을 비는 것뿐이었다.

곱게 자라나 스물다섯의 나이로 우리 집안에 시집 왔을 때가 어제 일같이 기억이 생생하다. 우리 집에서 이십사 년을 살면서 딸자식 하나 낳은 후로 바로 찾아온 몹쓸 병 때문에 많은 고생을 하였다. 몇 년간은 당뇨병에 따른 잔병치레 정도야 있었지만, 조심스럽게 잘 지내왔는데 갑자기 찾아온 큰 병 앞에서는 속수무책이었다. 사람이 죽고 사는 운명이야 알 수 없는 일이라지만 그렇게도 허무하게 세상을 떠나리라고는 누구도 알지 못했다.

너무도 많은 정이 들었던 제수씨였다. 누구는 보통 시숙과 제수씨의 사이가 약간은 서먹한 사이라고도 하지만 우리는 친 오누이 이상으로 정을 나누며 살아왔다. 명절 때면 음식 장만을 일찍 마치고 삼 형제 내외가 노래방에 가서 형제 사이의 정을 나누며 살았다.

제수씨의 죽음 앞에 우리는 정성을 다하였다. 그러나 제수씨의 시집과 친정 부모님이 모두 생존해 계시므로 우리는 참으로 조심스러웠다. 마흔아홉의 나이로 일찍 세상을 떠난 며느리와 딸 앞에 비통해하시는 우리 부모님과 사돈어른들의 큰 슬픔을 위로하기 위해서도 우리는 울음을 삼켜야 했다.

슬하에 딸자식 하나만을 남기고 떠난 제수씨의 장례 때에는 장조카인 우리 아들이 상주 역할을 맡아야 했다. 상주는 너무나도 괴로워하며 대성통곡했다. "숙모님, 죄송합니다. 숙모님 편찮으실 때, 우리 엄마 고생시킨다고 마음속으로 미워도 했는데 이렇게 갑자기 돌아가시니 숙모님 죄송합니다."라는 고백 섞인 울음에 모두가 한동안 말을 잊었다.

평소에 착실한 불교신자였던 제수씨, 십여 년 넘게 우리 부부와 함께 다니던 절에서 49재를 올렸다. 천도재를 마친 후 양가에서 모인 사람들은 이심전심으로 제수씨가 잠들어 있는 산소에 갔다. 간단한 참배 절차를 마치고 돌아오는 길에 핀 봄꽃의 모습은 차라리 슬픔이었다.

제수씨가 지금도 문득문득 생각이 난다. 얼마나 많은 세월을 보내야 잊을 수 있을까. 일 년에 열두 번 제사를 모셔야 하는 종갓집에서 이제 제수씨 제사 장만까지도 우리의 몫이 되었지만, 너무도 착하여 남에게 적은 피해라도 주지 않으려고 노력하고 가정의 평안함을 위해 헌신하던 제수씨였다. 이제는 육신의 고달픔과 아픔을 모두 벗어버리고 아미타부처님의 영접을 받아 극락세계에서 편히 계시리라.

우리도 훗날 저 세상에서 제수씨를 다시 만나 옛날 이야기하듯이 정 나누며 살 수 있을까. 아니면 또 다른 인연으로 새로운 생을 받아 어디에서 다시 만날 수 있을까.

✿ 2006. 04. ✿

또 다른 6. 25

어머니는 오늘 아침에도 일찍 정화수井華水 한 그릇을 떠 놓으셨나 보다. 정화수는 오래전부터 있던 자리에 그대로 있다. 그래도 우리는 그냥 어제의 것이 아니고 오늘 아침에 새로 올려놓았다는 것을 안다. 이른 아침에 잠이 깨시면 제일 먼저 습관처럼 정화수를 떠 놓는 것이 어머니의 일과이시다. 정화수는 대단한 것도 아니고 하얀 사기그릇에 담긴 물 한 그릇이다. 정성스럽게 정화수를 올리시고는 두 손 모아 합장하고 반배를 올린다. 그것으로 끝이다. 주문도 없다. 그렇게 하면 천지신명님께서 모두 알고 도와주신다고 믿고 계신다.

우리가 옛날 살던 고향집 뒤란에는 커다란 너럭바위가 하나 있었다. 집을 지을 때 어디서 가져다 놓은 것도 아니고 자연적으로 있는 것 같다. 그 너럭바위 위에는 항상 정화수 한 그릇이 올려져 있다. 어느 때부터인지는 모르지만, 우리 집의 내력으로 내려오는 정성이었다.

형편에 따라 고향집을 떠나 객지생활로 전전한 지도 벌써 40여 년을 넘었고 할머니께서 돌아가신 지도 까마득하다. 그래도 정화수 떠 놓는 정성은 자연스럽게 어머니에게로 이어졌다. 이사할 때마다 정화수 자리는 달라졌으며 지금은 부엌 한쪽에 얌전하게 앉아 있다. 어머니가 매일같이 정화수 한 그릇을 올리고 기도하는 마음에야 항상 미덥지 않아 잠 못 이루는 자식들 걱정이겠지만, 그 외에도 숨어 있는 또 하나의 비밀이 있다는 것을 알게 된 것은 오래되지 않았다.

어머니에게는 잊을 수 없는 한 사람이 있다. 벌써 50년도 훨씬 더 지나간 한을 아직도 가슴에 묻고 있다. 꿈에서도 잊을 수 없는 동생이다. 딸 부잣집 맏이로 태어나 겨우 얻은 남동생 하나, 업어 키운 동생이다. 생때같은 동생, 눈에 넣어도 아프지 않을 동생이었다. 그런 동생을 6·25사변에 잃어버렸다. 어느 날 갑자기 인민군이 쳐들어와 동생을 잡아갔다. 그리고는 끝이다.

누구에게 하소연도 못 한다. 사변 중에 가족 잃어버린 사람이야 어디 한둘일까 마는, 나라 구하겠다고 국군에 들어간 것도 아니고 인민군에게 잡혀갔다. 그러니 생사를 알아볼 길도 없다. 꽃봉오리도 채 피우지 못한 열아홉 살 나이에 가족이 보는 앞에서 붙잡혀 가고는 끝내 무소식이다.

어느 하늘 아래 살아 있는지, 이름 모를 골짜기에서 죽었는지 속 시원하게 알 길이 없다. 살아 있다면, 만약 북한 땅 어디에라도 살아만 있다면 좋은 세상 만나 다시 만날 수도 있으련만, 어디서 비참하게 죽었다면 죽은 날이라도 알아야 제사라도 지내 주지. 몇 천 날도 더 되게 천지신명에게 빌고 빌었다.

새색시 된 지 얼마 되지 않아 터진 사변 통에 정신이 없다가 동생 잃어버린 것을 알았다. 처음에야 국군이 돌아오면 오겠지. 전쟁 끝나면 오겠지. 전쟁이 끝나도 다른 사람 살아서 돌아오는데 끝내 소식도 없다. 누가 본 사람도 없단다. 새색시 시절 숨어서 몰래 울기도 많이 울었다. 그리고 할머니가 연로하시어 자연스럽게 물려받은 정화수 떠 놓을 때부터 속으로 빌었다. 기도하면서 군소리하면 부정을 탄다고, 그저 절 한 번만 하신다.

이제는 잊힐 만도 하련만 6월만 오면 하늘을 자주 쳐다보신다. 국가 유공자도 아니니 현충탑에 가서 참배할 수도 없다. 그저 집안에서 아침마다 정화수 한 사발 떠 놓고 천지신명님께 절 한번 하면서 마음속으로 빌어보는 것이 전부이다.

벌써 반 백 년도 더 지나갔다. 그래도 혹시나 하는 마음은 여전하시다. 몇 해 전 모 방송국에서 하는 이산가족 찾기 프로그램에 밤을 지새운 적도 많았다. 지금도 매주 수요일 방송하는 이산가족 찾기 프로그램은 열일 제쳐놓고 시청하신다. 만일 살아서 북한으로 끌려갔다 한들 그 프로에 나올 턱도 없을 터이다. 어디에서 살아 있는지 주소를 알아야 남북 이산가족 상봉 신청이라도 해보지.

"동생아! 꿈에라도 좋으니 살아 있는지, 죽었는지 알려만 다오."

✿ 2006. 06. ✿

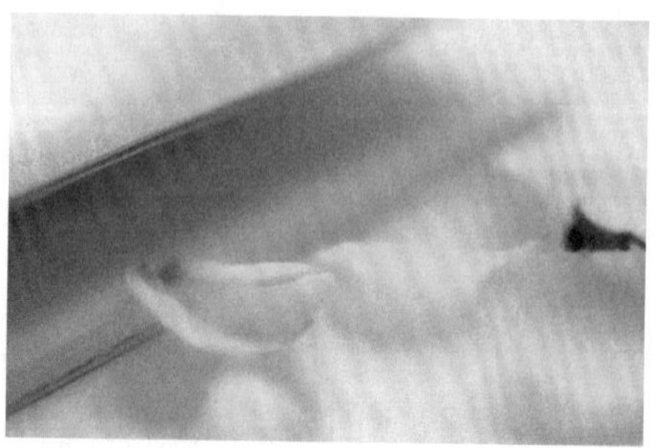

3부

연煙 선생 하소연

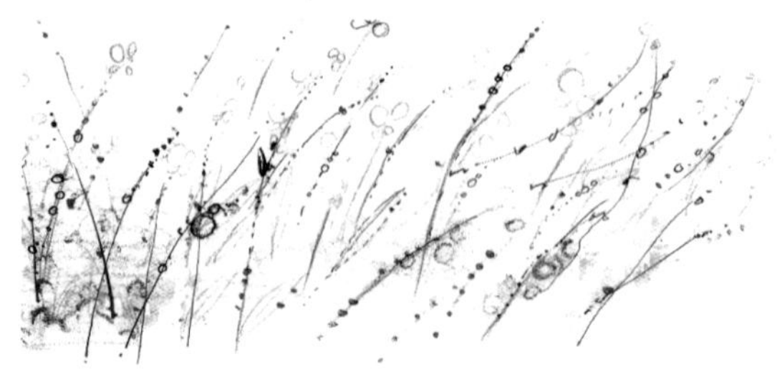

열정

순백색 화선지 위에서 칠흑 같은 먹물이 춤을 춘다. 옆으로 삐치고, 가로획을 긋고, 세로로 힘차게 내리뻗는다. 한 글자 한 글자 정성 들여 써내려 가는 동안 이마에 송알송알 작은 땀방울이 맺히고, 손등에는 파란 힘줄이 돋아난다. 행여나 획 하나, 점 하나 잘못될까 주의를 기울여 조심하고 살피며, 오늘도 묵향에 젖어 붓의 향연을 희롱한다.

5천여 글자에 이르는 금강반야바라밀경의 사경을 시작한 지도 5년여 세월이 흘렀다. 우연한 인연으로 원본을 얻게 되었다. 이때부터 시작한 사경 수행이다. 특별한 일이 없으면 하루에 한두 시간씩 쓰고 있다. 일 년에 서너 편 정도. 벌써 열다섯 번째로 이어졌다.

사람은 '천층만층 구만 층'이란 말이 있다. 그만큼 사람의 다양성을 말하는 것이리라. 다양성이란 개인의 성격을 말한다. 적극적인 성격을 가진 사람이 있는가 하면, 매사에 신중하고 소극적인 사람도 있다. 대개는 적극적인 성격을 가진 사람에게 후한 점수를 주지만 어느 쪽이 좋다, 나쁘다고 말할 수는 없다. 사람의 성격에는 양면성이 있기 때문이다.

어느 직장에 두 분의 상사가 있었다. 성격과 업무 태도가 참으로 대조적인 분이었다. 한 분의 성격은 매우 적극적이며 저돌적이다시피 했고, 또 한 분은 아주 치밀하며 매사에 신중한 분이었다. 한 분은 직원이 결재를 올리면 즉석에서 결재하였다. 또 한 분은 좀처럼 그 자리에서 결재하지 않고 두고 가라고 한다. 그리고 하루나 이틀쯤 지나서 결재한다. 이런 두 분의 업무 형태를 가리켜 직원들 사이에 말이 많았다. 앞에 분은 너무 성급한 결정으로 실수할 때가 있고, 뒤에 분은 신중을 기하다가 기회를 놓칠 때가 있다고 한다.

불경 사경을 하는 목적에는 여러 가지가 있다. 그중에서도 중요한 것 중의 하나는 내 성격을 고쳐보고자 함에도 있다. 내 성격은 누구보다 내가 잘 안다. 매사에 적극적이며 집착도 매우 강하다. 적극적인 성격 탓에 칭찬과 호감도 많이 받는다. 그러나 무슨 일을 하든지 적극적으로 대하다 보니 내 뜻과는 다르게 상대방에게 마음의 상처를 주는 경우도 많았다. 그러고 나면 나 역시 마음의 상처를 입게 된다.

사람의 성격은 유전적이라고 한다. 우리 집안 내력이 그렇다. 나는 아버지의 성격을 그대로 닮았다. 내가 중학교 다닐 때쯤인가. 아버지에게 좌우명을 물어본 적이 있었다. 그때 아버지의 대답은 한마디로 '열정을 담은 삶'이라고 하였다. 그 말이 어찌나 남자답게 보이고 멋있어 보였는지 모른다. 아버지의 영향 탓인가. '열정을 담은 삶'이란 말을 마음에 담고 살았다.

60 평생을 살아오면서 이런저런 단체에서 회장이라는 직책을 많이 맡았다. 지금도 어느 글 쓰는 모임에서 회장직을 맡아서 일하고 있다. 회장의 임무를 수행하면서 단체에서 결정해야 할 어떤 사안이 있어서 임원이나 회원이 상의해 오면 나는 즉석에서 분명하게

결정을 내린다. 그런 다음에 잘못이 있으면 뒤에 시정한다. 나의 신속한 결정으로 같이 일하는 임원들은 속 시원해하며 좋아하기도 한다. 그러나 여러 가지 변수를 충분히 고려하지 않은 결정으로 싫어하는 사람도 많다. '다음에는 좀 더 신중하게 생각해야지.'하면서도 중요한 일이 생기면 급한 성격을 버리지 못하고 즉석에서 또 결정을 내리고 만다.

타고난 성격은 어쩔 수 없다고 한다. 그러나 노력하면 어느 정도 고칠 수 있다고도 한다. 그래서 오늘도 성현의 말씀을 정성스럽게 쓴다. 고요한 분위기를 가르는 전화벨 소리가 요란스럽다.

"회장님, 임원회의는 언제 어디서 하면 좋을까요?"

"다음 주 수요일 OO식당에서 저녁 7시에 하도록 해요."

✿ 2009. 12. ✿

붓 잡고 앉으면

붓 잡고/ 앉으면/
산내들/ 달 뜨듯/ 다가오고
바람 구름 노을/ 물 가듯/ 흘러가고
사랑 행복 기쁨/ 꽃피듯/ 다가오네.

어느 서예원 벽에 붙어 있는 시 한 구절이다. 솜씨 좋은 선생님께서 한글 판본체로 곱게 쓰고, 결 좋은 나무에 예쁜 솜씨로 음각으로 새겨놓았다. 정말 붓을 잡고 앉으면 사랑, 행복, 기쁨이 꽃피듯 다가올까.

오늘도 습관처럼 붓을 잡는다. 월요일부터 금요일까지, 이른 아침을 먹고 서예원에 들러 붓을 잡고 글을 쓰고 있다. 백수 된 지 1년 될 즈음 마음먹고 시작해 본 서예가 어언 1년 반 정도 지났다. 이제 어느 정도 익숙해지기도 하련만 내가 써 놓은 글을 보면 도무지 마음에 들지 않는다. 붓 잡고 앉아 맛보는 행복이란 정녕 나에게는 멀리 있는 것일까. 얼마나 더 노력해야 내가 쓴 글씨를 보며 행복까지는 아니더라도 빙긋 웃을 수 있을까. 제 분수는 모르고 욕심이 앞서서이겠지.

서예書藝는 붓으로 쓰는 예술이기에 서도書道라고도 한다. 왜 서도라고까지 이름 붙였을까. 서도라는 말의 사전적 의미는 '서예를 정신수양의 관점에서 이르는 말'로 되어 있다. 즉 종교적 의미로서의 수양이나 수행을 오랫동안 쌓아 가는 과정을 말하는 것 같다. 종교적 수양이나 수행을 잴 수 있는 척도는 각기 다르겠으나 많은 종교가가 몇 년, 몇 십 년, 자기의 일생을 걸고 스스로 내면을 닦아 정신적인 높은 경지에 도달하는 것이 진정한 도道라고 생각한다.

한문서예를 처음 배우는 사람 모두 대다수가 해서체부터 시작한다. 나도 붓 잡는 기초과정을 거쳐 천자문을 쓰고, 안진경의 다보탑비문多寶塔碑文 한 권 정도 썼다. 아직도 병아리 수련생임에는 틀림이 없으나 욕심부터 자꾸 앞선다. 잘 쓴 글을 보면 감탄을 하면서도 샘이 난다.

매일 아침 먹을 간다. 먹과 벼루가 맞닿아 나는 사각사각하는 소리와 함께 은은히 풍겨오는 묵향이 코를 간지럽게 한다. 하루를 여는 이른 아침 시간에 먹 가는 소리와 묵향이 싱그럽다. 매일 아침 묵향에 삶의 용기를 얻으며 새로운 인생의 맛을 느낀다. 늦게 시작한 만큼 더 많은 노력이 필요하다. 비록 내가 써 놓은 글이 마음에 들지 않는다 하더라도 한 자 한 자 정성스럽게 쓰다 보면 나도 모르게 실력은 향상될 것이다. 그러므로 조급해하지 않는다. 몇 년, 몇 십 년이 걸린다 해도 좋을 것이다. 내가 무슨 큰 영화를 바라고 하는 일이 아닐 바에야 아무려면 어떤가. 그렇게 글을 쓰면서 머릿속으로는 오늘 할 일을 계획한다. 특별한 일이 없으니 애써 계획할 것까지야 없겠으나 그래도 오늘은 특별한 무엇이 없나를 살펴본다. 그러다 자연스럽게 어제 일도 돌이켜 본다.

내가 생각해 보아도 나는 참으로 욕심이 많은 사람이다. 청춘을 다 바친 직장생활에 하고 싶어도 할 수 없었던 일들을 한꺼번에 다 하려고 한다. 서예도 그렇고, 서투르게 써 오던 잡문들도 수필로 승화시켜 보고 싶어 수필문예대학에 또 발을 들여놓았다. 이순耳順의 나이에 무슨 큰 영화를 보겠다고 그렇게 안달이냐고 나를 아는 친구들은 핀잔을 준다. 서예도, 수필도 결코 무슨 큰 영화를 바라서가 아니다. 단지 내가 좋아하는 것, 내가 해 보고 싶은 것을 할 뿐이다. 여건과 시간이 허락하니 그냥 좋아서 해 보는 거다. 그러다 어느 날, 때가 되면 흔적 조금 남기고 바람처럼 이슬처럼 사라져 가겠지만 아직은 내 몸에 뜨거운 피와 열정이 남아 있다. 큰 욕심 부리지 않고 마치 하나의 도를 이루는 심정으로 또박또박 한 자씩을 쓰며 내가 좋아하는 이 길을 가고 싶다.

✿ 2006. 04. ✿

해후

사랑하는 님이 오신단다. 님이 날 찾아오신단다. 까마득히 잊고 살았던 님의 음성이 여름날 소나기처럼 반가운 소식이 되어 저 멀리서 벽력처럼 들려온다. 님과의 옛날이야기 같은 오랜 사연들이 주마등처럼 갑자기 머릿속을 훑고 지나간다. 한강변 모래사장이 보인다. 끝이 없을 것 같은 경춘선 철길이 보인다. 단풍잎 떨어지는 미타사 절 뒤안길이 보이고, 옥수동 골짜기 외진 골목 가로등이 보인다.

누님이다. 누님의 음성이 분명하다. "정호야. 정호 맞지? 나 누나야. 내일 우리 딸과 같이 여행을 가는데 대구를 들르게 될 거야. 너 만날 수 있지?" 숨 돌릴 겨를도 없이 들뜬 음성으로 쏟아낸다. 얼떨떨한 기분에 마중 나가겠다는 말부터 했다. 그 전화를 받은 다음부터 기다림이 시작된다. 시간은 왜 이리도 늦게 흘러가는지 모르겠다.

나에게는 누나라는 이름을 가진 분은 애당초 없다. 사촌, 육촌에 외가까지 다 돌아보아도 없다. 내가 한 집안의 종손이니 당연히 없겠고, 외가에서도 어머니가 맏이이시니 누나라고 불러 줄 사람이

도대체 없다. 그런데 여기 한 분의 누나가 있다. 흔히 말하는 정으로 맺은 누나였다. 그 누나를 참으로 좋아했다. 외진 산협 어느 골짜기 도라지꽃을 닮은 여인이었다. 세상에서 가장 청순하고 아름다운 여인인 줄 알았다. 처음에는 "누나. 누나"하고 부르다가 어느 날부터인가 "누님"으로 변했다. 그때가 아무래도 결혼하고 나서부터인 것 같다. 지금도 만나면 "누나"라고 부르지만, 머릿속으로 생각할 때나, 일기 등에서는 으레 "누님"이라고 쓴다.

사람의 만남과 헤어짐은 결코 우연일 수 없을 것이다. 불가에서 말하는 '옷깃을 스치는 인연'이 아니더라도 분명히 어떤 인연이 있었을 게다. 1960년대 동사무소에서 구호물자 밀가루 배급을 나누어 주던 어렵던 시기에 누님을 만났다. 까까머리 사춘기 시절, 어렵게 보내던 고등학교 때 어느 교회에서 누님을 만났다. 나는 고등학교 1학년이었고 누님은 고등학교 3학년이었다. 소위 학생부라는 조직에서 만났다. 그곳에는 많은 남학생과 여학생들이 있었지만, 첫눈에 누님에게 빠져버렸다.

남과의 사귐을 비교적 쉽게 이루는 성격 탓인지 모르겠다. 나는 첫눈에 들어온 누님에게 적극적으로 다가갔고 정 많은 누님은 쉽게 곁을 내어주었다. 이때쯤 한창 사춘기에 젖어 있었던 나에게는 따로 연정을 품은 짝사랑하는 여학생도 있었다. 야무지고 당돌하기까지 한 그녀에게 용기가 없어 다가가지 못할 때도 누님은 나의 충실한 상담자였으며 외로움을 달래주는 후견인이었다.

누구나 다 어렵던 시절이었겠지만 나에게는 너무나 큰 시련의 시간이었다. 고등학교 2학년 말을 끝으로 끝내 학교에 더 갈 수 없었던 시절이었다. 친구들 모두 학교에 가고 난 뒤의 남은 시간은 차라리 고문에 가까웠다. 그때 백의의 천사로 변한 누님이 곁에 있었으니, 툭하면 근무시간에도 찾아가서 얼굴을 보고는 퇴근 시간에 맞추어 또 누님을 찾아갔다. 그리고 같이 걸어서 누님 댁으로 오면 당연하다는 듯이 저녁까지 얻어먹었다. 어디 그뿐이겠는가. 문학을 꿈꾸던 누님께서 해설을 곁들인 문학작품 이야기에 시간 가는 줄 몰랐다. 어쩌다 동네 교회, 어느 고등학교에서 '문학의 밤' 행사라도 열린다는 소식을 들으면 무작정 같이 찾아갔다. 그러다 차츰 대학교 쪽으로도 발을 넓혀 나갔다. 아마 이때부터 문학에 대한 나의 꿈도 익어 갔으리라.

교회에 가서도 예배 시간에는 목사님 설교보다는 누님이 잘 보이는 자리에 앉아야 했다. 착실한 기독교 신자였던 누님이 어쩌다 다른 교회에서 부흥회라도 열린다는 소식을 전해주면 무조건 누님을 따라나섰다. 그리고 밤길을 걸으며 둘이 참으로 많은 이야기를 나누었다. 가을철이면 아직 떨어지지도 않은 낙엽 밟으러 가자며 밤길을 재촉하면서 밝은 가을 달빛에 취했고, 개망초 흐드러지게 핀 여름날 밤이면 한강변 모래사장과 경춘선 철길을 참 많이도 걸었다. 그러다 장난기라도 발동하면 미당 서정주의 시 '국화 옆에서'를 '내 누님 같이 못생긴 꽃이여'라고 슬쩍 고쳐 외워 누나를 웃게 했다. 또 진달래꽃 곱게 피는 봄날이면 우이동이며 정릉, 진관사 골짜기도 찾았다. 이때까지 나에게는 물론 조신한 누님에게 변변한 이성 친구 하나 없었다. 그래서 더 정다웠는지 모른다.

동병상련同病相憐인지도 모른다. 뒤에 안 사실이지만 누님 댁 가정형편도 그렇게 넉넉한 편은 아니었다. 막노동에 가까운 직업으로 5남매를 키워야 하는 누님 댁 살아가는 형편이야 말하지 않아도 알 만했다. 내가 정확히 알려고도 하지 않았고 자존심 강한 누님도 나에게 직접 말해주지는 않았다. 추측이나 정황으로 보아 누님도 고등학교를 다 마치지 못한 것 같았다. 또한 어머니를 어릴 때 여의고 서모 밑에서 살아가는 누나에게 마음고생인들 왜 없었을까. 그 서러움을 교회에서 삭혔고, 말 못하는 슬픔 때문에 우리는 그렇게 가까워졌나 보다. 그래도 이상한 것은 그때나 지금이나 누님을 이성異性으로 생각하지 않았다는 사실이다. 단지 내가 푸념할 수 있고, 내 이야기를 들어줄 수 있는 사람이고, 무료한 시간에 유익한 담소를 나눌 수 있는 세상에서 가장 편안한 사람이었다.

세월이 흘러 내가 군대에 가고 또 공무원이 되어 대구로 오고 그리고 두 사람 모두 좋은 인연 만나 결혼하고, 그리고 차차 잊혀갔다. 처음에는 사흘이 멀다 하고 전화에 편지를 했으나, 세월이 흘러가니 그것도 몇 년 만에 한두 번 정도였다. 어쩌다 서울에라도 갈라치면 그래도 제일 먼저 누님을 찾았다. 지금은 퇴직을 하였으니 서울 갈 일이 전혀 없어 누님을 잊고 살았다. 그런데 그 누님이 나를 보러 오신단다. "정호야. 오랜만에 만나 네 작품 이야기도 하고 좋은 시간 보내자. 알았지?"

누님 빨리 만나보고 싶습니다. 귀여운 따님과 같이 오신다니 내게는 조카가 되겠네요. 틀림없이 누님을 닮아 귀엽고 아름다운 마음씨를 가진 병아리 숙녀 조카도 빨리 만나고 싶습니다.

✿ 2008. 05. ✿

아이구, 이 웬수야

불교에서 이야기하는 윤회輪廻에 관한 것 중에 흔히 부모와 자식 사이는 전생前生에 원수일 확률이 높다는 이야기를 종종 들어왔다. 그래서 그런지는 모르지만, 우리 부모들은 자식이 속을 썩일 때면 곧잘 "아이고, 이 웬수야."하고 말을 한다. 어느 부모가 자식을 웬수로 생각할 사람이 있겠는가.

'고슴도치도 제 자식은 함함하다.'고 한다. 사람들도 그저 내 자식이니까 무작정 사랑하고, 자식을 위해서라면 무엇이든 다 해 주고 싶은 것이 부모들의 마음이다. 하나라도 더 먹이고 싶고, 좋은 것으로 입히고 싶고, 편안한 자리를 마련해 주고 싶어 한다. 그러나 자식들은 그렇지 않다. 조금만 어려워도 부모를 원망하고 부모에게는 무한한 사랑을 기대하고 있다. 나도 부모 앞에서는 그랬었다. 한편으로는 자식이기도 하고, 또 다른 면에서는 부모이기도 한 나는 지금 어떠한가.

나에게도 아들과 딸 둘이 있다. 이제는 각기 자기의 가정을 꾸리고 있다. 그들도 역시 아들과 딸을 가진 부모가 되었다. 아들과 딸을 바라보고 있는 우리 부부에게는 다른 것은 몰라도 자식 복은 있는가 보다.

며칠 전, 딸이 뭔가 서운했던 일이 있었는지, 자기 딴에는 옳은 말을 한답시고 나에게 조목조목 따지는 일이 있었다. 견해의 차이 때문에 빚어진 오해를 앞에 두고 자기의 생각을 강하게 말하는 딸을 보며 상황을 이해시키기 위한 노력보다는 딸의 철없음을 한탄하며 나도 모르게 "아이고, 이 웬수야."하고 말았다. 딸도 '이 웬수'라는 말의 뜻을 잘 알고 있겠지만, 그래도 '이 웬수'라는 말이 그렇게도 서러웠던가. 몇 시간을 서럽게 우는 딸을 앞에 두고 무엇으로도 위로할 수 없었던 나는 그저 무능하기만 한 아비일 수밖에 없었다. 저도 이제 두 아이의 엄마가 되어 있는 딸 앞에 뜻 없이 무심코 내뱉은 자조 섞인 한마디가 그렇게도 딸을 서운하게 했구나 하고 두고두고 후회해 본다. 저도 차차 철이 들고 자식을 키우고 있으니 언젠가는 '웬수'라는 말의 참 뜻을 이해하고 제 자식 앞에서 또 "아이고, 이 웬수야."라고 하지 않을까. 그래도 지금은 부모의 속 깊은 마음만은 알아 줄 딸이기에 내일이면 또 웃는 얼굴로 두 아이 앞세우고 찾아오리라.

오늘 밤은 왜 이렇게도 길고 잠이 오지 않는지 모르겠다.

✿ 2006. 03. ✿

더 아픈 손가락

속담에 "열 손가락 깨물어 안 아픈 손가락 없다."라고 했다. 맞는 말이다. 이 속담의 진정한 뜻이야 자식 여럿을 둔 부모로서 어느 자식 하나라도 애틋한 정이 가지 않는 자식이 없다는 말일 것이다.

나에게도 아들, 딸 두 남매가 있다. 자식을 향한 부모 마음이야 어느 자식을 더 편애하고 어느 자식을 소홀하게 취급할 부모는 없을 것이다. 그래도 어느 한구석에는 더 애틋하고 불쌍하게 생각되는 자식이 있을 수 있다. 예를 든다면 몸이 불편하다거나 형편이 더 어려운 자식 같은 경우일 것이다.

딸은 운이 좋아서인지 아니면 머리가 더 좋아서인지 모르지만, 국립대학을 졸업하였고, 아들은 지방 2년제 대학을 마쳤다. 요즘 세상에 4년제 대학과 2년제 대학 졸업이 크게 문제 될 것은 없다고 말한다. 그래도 부모 된 마음에서는 나의 잘못으로 아들이 4년제 대학을 가지 못한 것 같아 항상 마음에 응어리로 남아 있다.

아들이 고등학교 다닐 때 나는 직장에서 승진하여 대구에서 멀리 떨어진 외지에 나가 있어야 했다. 공부에만 열중해야 하는 시기에 엄하면서도 자상한 아버지가 집에 있는 것과 없는 것이 많은 차이가 있음을 자식을 키워본 사람은 알 것이다. 고등학교 2~3학년 시절에는 아침 일찍 등교한다. 엎친 데 덮친 격으로 마침 그때쯤 우리가 피치 못할 사정으로 경산 변두리 지역으로 이사하게 되었다. 또한 아들은 대구 수성구에 있는 모 고등학교에 다니고 있었다. 경산에서 학교까지 가는데 1시간 정도 걸리니 당연히 남보다 일찍 등교하여야 한다. 게다가 집에서 학교로 바로 가는 버스는 배차 간격이 뜸한 편이었다. 가장 잠 많이 오는 고등학교 시절 단 십 분이 아쉽다. 남보다 한 시간은 더 일찍 학교에 가야 하니 얼마나 힘이 들었을까. 그때 내가 집에 있었다면 남들 다 하는 것처럼 출근하는 길에 승용차로 태워 등교를 시켜 주었을 것이고 그러면 조금은 덜 힘들었을 것이다. 학교 야간 수업 마치고 집으로 돌아오는 시간에도 역시 마찬가지이다. 고등학교 3년 과정에 단 한 번도 등하교를 도와주지 못했으니 그만큼 공부할 시간이 줄어들었을 것은 불을 보듯 뻔한 일이다.

부모가 등, 하교를 시켜준다고 공부를 잘하는 것은 아니겠지만, 부모 된 마음에는 그렇게 해 주지 못한 것이 마음에 찌꺼기로 남는다. 반면 딸아이는 고등학교 시절 내가 대구로 다시 전근이 되어 필요할 때마다 도와주었다. 그래서 그런지 아들과 딸은 각각 다른 대학으로 진학하게 되었는지도 모른다는 생각이 든다.

아들과 딸은 1년 사이로 결혼했다. 사위는 대기업에 근무하고, 아들은 중소기업에 근무한다. 당연히 사위는 아들보다 월급도 더 많이 받고 근무 여건도 좋고, 아들은 상대적으로 월급도 적게 받고 근무 조건도 나쁘다. 그것이 모두 내 탓인 것 같아 마음에 걸린다. 아들과 며느리, 딸과 사위. 어느 쪽이 부모에게 더 잘하고 못하고가 문제가 아니다. 항상 수입이 더 적은 아들과 며느리가 무엇이든지 똑같이 분담하려는 마음씨가 고마우면서도 안쓰럽기만 하다.

아들과 딸이 있으니 당연히 손자와 외손자가 있다. 옛날 어른들 말씀이 "외손자는 방아공이보다 못하다." 하시지만 천만의 말씀이다. 어느 쪽이 더 귀엽고 사랑스러울 이유야 전혀 없다. 모두 내 자식 몸에서 태어난 손자들이니 귀엽고 사랑스럽기는 마찬가지이다. 그래도 친손자에게 마음이 더 쓰이는 것은 아들, 며느리를 향한 애틋한 마음 탓이겠다. 딸들은 다 그렇다지만 유난히 욕심 많고 애살스런 딸 때문에 내색은 하지 못하고 있다. 그렇다고 뒤로 특별히 해 주는 것도 없지만, 상대적으로 궁색하게 살고 있는 아들, 며느리 때문에 마음이 편치 못하다. 그래서 어쩌다 만나는 친손자들에게 살가운 정이 더 가는지도 모르겠다.

인생을 살아가는데 모두가 똑같을 수는 없을 것이다. 그들이 그렇게 사는 것도 어쩌면 저희가 타고난 팔자겠지만, 만에 하나라도 나 때문에 아들이 상대적으로 어려운 환경조건에서 살아가야 한다면 아들에게 미안할 뿐이다. 열 손가락 깨물어 안 아픈 손가락이야 없겠지만 조금은 더 아픈 손가락도 있음을 알았다. 말 수 적고 인정 내는 일에는 숙맥인 아들과 살갑게 대해 주고 어려운 형편을 내색하지 않는 착한 며느리에게 마음 한구석이라도 나누어 주고 싶다.

✿ 2006. 07. ✿

연煙 선생 하소연

주酒형!

내 신세 어쩌다 이리도 딱하게 되어 어디에다 하소연할 곳도 없던 차에 주형을 만났소. 오늘은 내 작심하고 신세 한탄이나 한번 늘어놓을 터이니 불쌍한 놈 살려주는 셈치고 들어보시오.

내 일찍이 먼 나라에서 여기 해동성국 조선까지 들어와 한때는 무척이나 사랑받고 살았소. 지체 있는 양반네들은 물론이요, 사랑방 훈장님도 나 없이는 하루도 살 수 없다 하여 쌈지에 고이 간직하고 허리춤에 차고 다녔잖소. 그들도 사람인지라 살다 보면 허허로울 때도 있는 법, 서럽거나 때로는 좋은 벗 만나 나의 체취가 그립다 싶으면 고운 쌈지 얼른 열었지요. 숙련된 솜씨에 부싯돌로 불을 붙이거나 형편이 좋으면 성냥으로 꽃불 만들어 내 몸을 사르며 풍류를 노래했소. 내 이 정성에 보답하고자 이 한 몸 불살라 흰 연기 만들어 그들의 괴로운 심사를 마음껏 달래주고 허공중에서 공중제비 춤을 추며 한 일생을 마치기도 했지요. 어디 양반이나 서당 훈장님만 나를 사랑했겠소. 일 년 내내 농사일에 뼈마디 삭신 성할 날 없는 흙투성이 농사꾼도, 허리 휘도록 빈 지게 가득 채운 나무

짐 지고 오는 선머슴 녀석도 고개 하나 넘어 쉴 참이면 어김없이 나를 찾지 않았겠소. 그래서 모두 우리를 심심초라 했으니 기쁠 때나 외롭고 쓸쓸할 때, 궂은 비 내려 할 일 없고 심심할 때면 제일 먼저 나를 찾았잖소.

가난에 찌들어 연초 한 봉지 살 수 없는 범부들은 또 어떻게 했소. 아무리 먹고살기 어려워도 금쪽 같이 귀한 비탈진 다랑이 밭 한 쪽 귀퉁이에다 정성스럽게 나를 가꾸었지요. 그러다 내가 노랗게 제 빛을 찾을 때면 고이 베어다 햇빛 들지 않는 그늘에서 잘 말려 놓았다오. 궂은 날이나 마땅히 할 일 없는 조용한 밤 목침 받혀놓고 날 선 장도칼로 곱게 썰어 놓으면 한양 부자 연초 봉지 부럽지 않았으니 그때 내가 인간들로부터 받은 사랑이야 말해 무엇 하겠소.

빠른 것이 세월이라 우리나라가 일제의 압박에서 허덕이고 있을 때 궐련이라는 새로운 모습으로 나를 바꾸었지요. 얇은 종이에 내 한 몸 감싸고 세상에 나오니 모두 환장했지요. 우리가 이 나라 백성으로부터 사랑받았던 때는 아마 '백조' '청자'라는 이름으로 불릴 때였으니 자유당 시절이었겠고, '아리랑'이라는 이름으로 포장되어 가장 사랑받던 시절은 새마을운동 경제개발에 우리나라가 한창 들썩이던 시절 아니었겠소. 흰 포장지 위에 태극문양으로 춤추는 무희의 모습은 조지훈 시인의 승무만큼이나 아름답기도 했지요. 그때가 아마도 이 나라 이 땅에 살고 있는 내게 최고의 전성시기가 아니었나 싶소. 어쩌다 얻어 피운 외국 담배 한 개비 때문에 철창신세까지 지는 일이 있었으니 말이오.

인간들의 변덕이야 주형이나 내가 익히 잘 알고 있던 터, 심심하면 새로운 이름에 새로운 포장으로 세상에 우리 종족들을 내보냈으니 나이 먹어 기억력조차 희미해진 우리가 어찌 다 일일이 기억하겠소. 요즘은 '엣쎄(Esse)'다 '리치(Rich)'다 '심플(Simple)'이다 하면서 외래어 이름까지 달고 있는 동족이 더 많으니 어쩌면 지금이 참으로 호강하는 시절인지도 모르지요. 인간들의 변덕 때문에 주형 신세도 얼마나 많은 모양으로 탈바꿈 당했소. 또 얼마나 많은 이름으로 불렸소. 아무래도 주형은 막걸리가 제격이고 곱게 가라앉혀 걸러낸 청주가 제 모습이잖소. 그 많은 민속주에 소주로 변신하고 그 이름의 가지 수는 또 얼마요. 게다가 외국에서 들어온 양담배, 양주라는 것들도 돈만 주면 남한 땅 어디에서나 마음껏 구할 수 있으니 이놈의 세상 어디로 갈는지 모르겠소.

그렇게 좋던 시절 어느 때이던가. 마냥 인간의 사랑을 받으며 천년만년 잘 지낼 줄 알았는데, 어느 날인가 변덕스럽게도 인간들은 주형과 나를 건강을 해치는 일급 주범으로 전락시키고 말았소. 하루아침에 우리를 이렇게 멀리할 줄 꿈에서나 생각했겠소. 그래도 아직은 나를 잊지 못해 간절하게 찾는 인간들이 있어 조금은 위안 받으며 살고 있는데 내 몸 감싼 포장지에 '과다한 흡연은 건강에 해롭습니다.'라고 하더니 요즈음은 한 술 더 떠서 뭐라고 적어놓았는지 아시오. '경고 : 건강을 해치는 담배 그래도 피우시겠습니까?'라고 적어놓았소. 참으로 기가 차고 숨이 막힐 지경이오. 그러고 보면 주형 신세도 별로 다를 것이 없지요. '경고 : 지나친 음주는 간경화나 간암을 일으키며 운전이나 작업 중 사고발생률을 높입니다.'

주형!

몇 해 전 내가 우리 주인 안주머니에 고이 간직되어 유럽여행을 하는 행운을 누린 적이 있소. 프랑스, 독일, 이탈리아, 스위스 등 몇 개 나라를 돌아보았는데 우리나라보다 더 선진국이라고 자타가 공인하는 그들 국가에서는 그렇게 호들갑을 떠는 것 같지 않았소. 남녀 구분할 것 없이 자기가 원하기만 하면 아무런 제약을 받지 않고 그들은 우리를 즐기고 있습디다. 내가 몸을 불태워 인간들에게 봉사하고 나면 필연적으로 남게 되는 꽁초라는 물건이 있잖소. 자연이 아름답기로 세계에서 소문난 스위스라는 나라에서는 예외입디다만, 다른 나라에서는 꽁초를 아무 데나 버려도 누구 하나 시비하지 않았소. 심지어 공공식당 열차 대합실에서도 당당하게 불태우고 꽁초를 버립디다. 꽁초, 쓰레기를 버리는 것이 일자리 창출에 일조한다나 뭐라나. 내 좁은 소견으로 생각해 보아도 우리가 살고 있는 이 나라는 호들갑이 너무 심한 것 같소. 이것도 우리가 태어난 이 나라 국민성 때문입니까? 아니면 미국이라는 초강대국을 닮아가고자 하는 욕심 때문입니까?

또 우리를 경멸하거나 못살게 하는 인간이 하는 짓을 좀 보시오. 주형이나 내가 그렇게 나쁜 몹쓸 것이라고 만천하에 선전할 거라면 애당초 만들지를 말아야지. 하루에도 수천만 갑, 수백만 병씩 만들어 공장에서 팔려나갈 때를 보시오. 물건 값에 터무니없는 세금을 붙여 큰 이득을 보고 있지요. 자신이 못나고 조상 잘못 만나 서럽게 한 세상을 살면서 춥고 배고픈 하층 인생들이 말이오. 한때의 시름을 잊고자 마시는 한 잔의 소주, 한 개비의 담배에서 거둬들이는 세금이 아무래도 너무 과다하다고 생각지 않으시오? 그렇게 거두어들인 세금이 당초의 목적에 맞게 쓰이는지는 우리야 알 길이 없지만 그래도 어쩌겠소. 나라님들이 하시는 일인데.

주형!

술, 담배 끊어 받는 스트레스보다는 적당히 기분 좋게 기호식품으로 즐기는 인간들이 아직은 많이 남아 있으니 오늘 당장 목숨 끊어질 일이야 있겠소. 그러나 앞으로 우리들의 운명이 어찌 될지는 하늘에 계시는 옥황상제님도 모를 일이지요. 우리가 죽을 때 죽더라도 미리 신세 한탄하여 독한 농약 한 모금 탁 털어 넣고 이 세상 하직하기에는 구박받으며 살고 있는 우리의 삶이 너무 아쉬운 것 같구려. 이보다 더 좋아지리라는 보장보다는 더욱더 심한 압박이 찾아올 것 같은 예감 때문에 밤잠을 설쳐야 하겠지요. 몇 천 년 몇 백 년이고 살아남아 영화롭게 다시 살아 보고 싶기도 합니다만, 이제 대세는 기울어지고 서산에 해는 넘어가고 있으니, 주형께서나 천수를 누리며 오래 살아 배고프고 불쌍한 중생들 위로 많이 하며 좋은 복락을 누리시오. 모질게 살아온 긴 여정, 그래도 험한 풍파 이겨내며 살아가야 할 내 운명 어찌 될지는 그 누구도 알 수 없는 일이니 나 작심하고 주형에게 미리 안부 인사를 건네는 바이오.

주형!

부디 천수를 누리고 잘 사시오.

✿ 2006. 05. ✿

사랑하오. 연煙 선생

석 달 열흘 억수 장맛비 오려나, 사흘 굶은 시어미 얼굴을 닮은 우중충한 날씨에 괜히 내 심사 몹시 뒤틀려 있던 터에 연 선생 하소연을 듣고 보니 치밀어 오르는 울화 도저히 참을 수 없어, 나 또한 작심하고 연 선생에게 답하려 하오. 본래 인간의 본성이야 그렇게 악하지는 않겠지만 근래에 들어 점점 간사함과 교만함이 도를 더해가는 양을 볼라치면 삼 년 전 오뉴월 염천에 먹은 식은 보리밥 알이 다 곤두서는 것 같소.

연형!

한때 좋았던 시절, 사람이라 불리는 그들이 연형이나 나를 얼마나 사랑하고 좋아하였소? 그네들이 당신네 연煙 씨 집안을 짝사랑하다 못해 노래로 사랑 고백한 것이 '담방구' 타령이지요. 또한, 우리 주酒가 성 가진 동포들을 위해 여기 해동성국 조선 땅 지조 높은 선비양반 송강 정철 선생은 '한잔 먹세 그려/ 또 한잔 먹세 그려/ 꽃 꺾어 산 놓고/ 무진무진 먹세 그려.……'라고 '장진주사'로 호기 부리고 멋 담아 노래로 읊었고, 간드러진 평양 기생, 절개 높은 송도 기생들의 권주가는 또 얼마나 많은지 우리는 익히 알고 있는 바이오.

우리가 인간들의 건강을 해치는 데 어느 정도의 영향력이 있었다는 것은 현대 과학이 증명하였으니 애써 부인하려고 하지는 않겠소. 그러나 정녕 그들이 우리 때문에 죄 없이 병들어 죽어가고 있다고 생각하시오? 생각해 보시오. 인간들이 병들어 죽어가는 이유 중에 가장 큰 것이 우리 때문이라고 합니다. 오랜 옛날 우리를 그렇게 사랑하고 풍류를 즐기며 하루도 우리 없이는 살 수 없다던 중국의 이태백 같은 주선酒仙 시인詩人은 일찍 요절해야 했을 것이요, 공초 오상순 선생은 어떻게 천수를 누리다 세상을 떠났단 말이오. 정녕 우리 때문에 인간이 병들어 죽었다면 이들과 같은 삶을 산 지조 높은 선비양반들은 벌써 씨도 없이 말라 죽었어야 했지 않소. 그것보다는 현대 과학문명의 발달에 따라 필연적으로 수반된 자연공해와 어쩌면 인간의 숙명 같은 스트레스가 그들을 병들어 죽게 하는 가장 큰 원인일진대 죄 가벼운 우리만 죄인 중에 상 죄인 만들어 역적 취급을 하니 어디 서러워 살겠소. 이 모든 것이 인간 스스로 만들어 가는 잘못이지요. 적당히 알맞게 즐길 줄 모르는 과욕이 인간들 스스로 무덤을 파는 격이란 말이오.

간사하고 교만한 인간들에 의해 지금 우리의 처지가 다리 밑에 비 맞은 강아지 꼴이 되어 우습게 되었다 하더라도 목구멍에 독한 농약 한 병 탁 털어 넣고 이 세상 하직할 생각일랑 아예 그만두시오. 그들이야 뭐라고 나무라던 우리가 인간 그들에게 베풀어준 은혜 또한 적지 않을 터이니 한번 들어 보시오.

가진 것 많은 인간 호기부리는 데 우리 주 씨가 제격이지요. 그렇지 않소. 집안에 들어앉아 오징어 한 마리에 소주 한 병 마시나, 고급 룸살롱에서 비싼 양주 마시나 취하기는 매일반 아니요. 그런데도 아까운 돈 물 쓰듯 하며 비싼 양주 마시는 것을 보면 가진 자들의 호기겠지요. 그 호기 부림도 우리가 있기 때문에 가능한 일이지요. 또 생각해 보시오. 하루해가 빠지도록 허리 한번 펴지 못하고 논밭에서 피땀 흘리며 일하는 농부들에게는 우리 막걸리 한 사발에 풍년초 담배 한 대가 보약 한 첩보다 효과가 더 컸지요. 자욱한 먼지 뒤집어쓰고 공장에서 하루해를 보낸 더벅머리 공장 아저씨에게는 퇴근길 선술집 소주 한잔에 거나해져 아리랑 담배 주머니에서 찾아 물고 흥얼거리는 유행가 한가락에 그렇게 많은 시름을 다 잊으며 살고 있지 않소. 자랑할 것이라고는 사타구니에 달랑 달린 그것 두 쪽밖에 없어도 오두막 전셋집에서 기다리는 마누라, 자식 생각하며 손가락이 잘려나가도 아픈 줄 모르고 일하는 우리의 젊은 노동자들이 바늘 끝 같이 짧은 휴식 시간에 급히 찾아낸 꽁초 맛이야 안 겪어본 사람은 모르는 그들만의 참 맛이지요. 게다가 되지도 않는 글 한 편 써보겠다고 밤새워 골치 썩이는 문사 양반님들, 머리에 빵모자 얹고 멋 부리는 화가 선생님들, 멋진 노래 한 곡 만들어 히트하는 것이 평생소원인 작곡가님들, 그들이 새 아이디어 찾아 눈 굴릴 때도 연 선생이나 나만한 친구 있으면 나와 보라 하시오.

연형!

기왕지사 이렇게 작심하고 시작한 말이니, 내 끝까지 다하지 않으면 속병 되어 먼저 저세상 구경할 것 같아 이 가슴에 맺힌 말 아니 털어놓을 수 없구려. 생때같은 자식 명이 짧았는가. 먼저 가버린 자식 앞에 두고 넋이 나간 노부모님, 잘 나가던 양말 공장 IMF로 된서리 맞아 부도로 훌랑 날려버리고 반 정신 나간 중소기업 어느 사장님, 그 아픈 가슴 우리가 아니고 세상에 어떤 좋은 약으로 달래줄 것인지요.

험한 세상 이렇게 천대받으며 모진 목숨 연명해 가야 하는 처지이고 보니 동병상련이라. 사랑하오. 연 선생! 처지 비슷한 우리끼리라도 사랑하지 않으면 그 누구에게도 따뜻한 정 받기 애당초 틀렸다 싶으니 님을 사랑하오. 그러나 이 세상이 천지개벽을 하여 우리의 주인인 인간들이 멸망하기 전에는 그들 나름대로 가지가지 애환도 많을 터, 가슴 시린 그들 잠시 위로하여 시름 잊게 하는 것도 적선하는 일이라 위안하며, 목숨 붙어 있어 사는 날까지 굳세게 견뎌 봅시다. 그리고 세상을 향해 크게 외쳐 봅시다. "우리가 보기 싫고 냄새가 역겨운 인간들이여! 절대로 가까이 오지 마라. 가슴속 불덩이 같은 화병 있어 속 터지는 인간들에게는 이 한 몸 기꺼이 바쳐 밤새워 위로해 주어도 좋으리."

✿ 2006. 05. ✿

연煙 선생 절연기絶緣記

사랑하는 연煙 선생.

성인군자도 시류를 따라 살라고 했으니 내 말에 너무 고까워하지 마시오.

당신은 알고 있을 것이오. 요즈음 세상 사람들이 당신을 어떻게 생각하며 당신이 사람들로부터 어떤 대접을 받고 있는지를 말이오. 나 역시 그러하다오. 맞은 자리 또 맞으면 그 아픔이 배가 된다고, 이제는 더는 참을 수 없어 사랑하는 그대와 작별을 고하고자 하오. 사실 당신 때문에 그동안 받아온 온갖 구박과 서러움을 생각하면 진작 결단을 내리지 못한 내가 부끄럽기도 하다오.

내가 당신을 처음 만났을 때를 돌이켜 보면 검은색 교복에 까까머리 채 벗어나지 못한 초년의 시절이었소. 누구나 다 그렇듯이 나 역시 호기심에 친구들의 권유를 더하여 당신의 향기를 처음 대하였지요. 그리고 생각 없이 당신의 톡 쏘는 매력에 푹 빠져 40년이 넘는 시간을 당신과 같이 했소. 특히 20대 초반 대한 남아로서의 국방의 의무를 다하겠다고 몸 바쳐 논산 훈련소에 입대했을 때 맛본 화랑이라는 이름표를 단 당신의 맛은 아마 저승까지 가서도 잊지 못할 것이오. 그리고 때로는 심심하고 무료하다는 이유로 당신을 찾았고, 정신없이 바쁘게 돌아가는 직장 생활 속에서는 잠시의 여유를 갖고자 당신의 몸을 아낌없이 활활 불태웠습니다. 어디 그뿐이겠습니까. 사랑하는 사람을 끝내 붙잡지 못하고 떠나보낼 때 터지는 울음을 참을 수 없을 때도 당신의 위로가 가장 큰 힘이 되었고, 가장 믿었던 친구의 배반으로 내가 가지고 있던 적은 재산을 하루아침에 날려버렸을 때도 당신만이 나의 마음을 달래주던 벗이었지요. 어디 나 혼자만 그러하겠습니까. 한 많은 인생을 살아가는 민초들의 삶 속에 묻어나는 소리 없는 한숨과, 보이지 않는 눈물 속에 얼마나 많은 애환을 담았으며, 당신의 위로가 얼마나 많은 힘이 되었습니까.

생때같은 자식 앞세운 부모, 지독한 화마火魔에 평생 피땀으로 일궈놓은 방직공장 하루아침에 잿더미 만들고 새끼줄 찾아 자살하려고 눈알 뒤집힌 사람이 뒤에 남아 있어야 할 처자식 때문에 죽는 일도 마음대로 하지 못하는 못난 사내, 이들에게 당신은 새 생명을 불어넣어 주는 만병통치약이었습니다. 골짜기 비탈진 자갈밭에서 허파에 바람 소리 요란하게 쟁기질하는 농부들에게는 숨 한번 돌릴 시간도 주었지요. 성질 고약한 직장 상사에게서 죄 없는 꾸지람으로 당장에라도 사표라도 쓰고 싶지만 목구멍이 포도청이라 오늘도 묵묵히 참고 또 참으며 하루를 보내는 사람에게도 당신은 보약 이상이었지요.

그러나 연 선생, 생각해 보시오. 내가 당신을 얼마나 사랑하고 좋아했는지는 당신이 더 잘 알 것이오. 얼마 전 내가 당신을 생각하며 쓴 글이 '연 선생 하소연'과 '사랑하오 연 선생' 이었으니 말이오. 아무리 그렇게 세상을 향해 외쳐 보았으나 그것은 나 혼자만의 독백이었고 하나의 부질없는 몸부림이었다는 것을 알게 되었소. 언제부터인가, 담배를 피우는 사람을 미개인 취급하기 시작하더니 이제는 아예 사람 취급하지 않고 무리에 끼워주지도 않으려는 세상이 되고 말았소. 그래도 개중에는 금연하라는 말에 "이 좋은 것을 왜 끊어!"하고 호기를 부려보지만 그의 눈빛은 상당히 흔들리고 있음을 우리는 알고 있지요. 주야장천 살 맞대고 살아가는 아내의 구박은 말할 것도 없겠고, 토끼새끼 같은 귀여운 손자 녀석들 태어나고부터 며느리, 딸 눈치 보기도 민망하여 이제는 당신과의 긴 인연을 끊어야겠소. 얼마 전 목 디스크가 심하여 병원을 찾았더니 고명하신 의사 선생님 왈 "아직도 담배 피우십니까? 담배 피우면서 아프다는 소리 하려거든 나를 찾아오지 마시오!" 하는 말에 너무나 충격이 심하였소. 만병의 근원이 당신 때문이라는 의사들의 말이야 다 믿을 것이 못 되지만 그래도 이제는 내 건강을 돌아보아야 할 나이가 되었으니 애석하지만 인제 그만 당신을 놓아주려고 하오.

작심삼일作心三日이요, 사람의 마음이 본래부터 조령모개朝令暮改요, 조삼모사朝三暮四 같아 간사奸邪하기 짝이 없다고 합니다. 나 역시 지난 40년 넘는 세월동안 때로는 당신과의 인연을 끊어보겠다고 작심하고 여러 차례 결행을 시도하였지만 번번이 실패로 끝나고 말았으나 이번만은 사정이 다른 것이오. 바람벽에 난초 그릴 때까지 오래 살기를 바라지는 않지만, 천수를 다하는 날까지 깨끗한 몸으로 덜 아프고 조용히 살다 가고 싶은 욕망이 당신을 그리워하는 마음보다 더 절실하니 이번만은 기필코 끈질긴 당신과의 인연을 청산하게 될 것 같소이다.

그러나 연 선생, 너무 슬퍼하지는 마시오. 나 같은 덜 떨어진 필부한 사람이 당신과 이별을 고한다고 그것이 뭐 그리 대단한 일이겠소.

나 아니더라도 당신이 위로하고 어루만져 주어야 할 가슴 아프고 속쓰린 사람들이, 편안하게 잘 먹고 잘 사는 사람들보다 더 많은 세상이니 아마 당신이 해야 할 일은 얼마든지 더 많이 있겠지요.

애써 당신의 몸 불태워 나를 위로해 준 긴 인연의 정을 하루아침에 무 자르듯이 싹둑 잘라버리는 내 심사 또한 편치 않음을 헤아려 주시기 바라며 이만 줄이오. 그래도 연 선생 당신을 지독히 사랑했었소. 잘 가시오. 연 선생!

✿ 2007. 10. ✿

다시 만난 연煙 선생

사랑하는 연 선생.

어쩌다 내가 이 꼴이 되었는지 모르겠소. 본래 사람의 마음이야 간사하기 짝이 없다지만, 당신에게 이런 글을 다시 써야 하는 나 자신이 너무 초라하게 보이는구려. '조변석개朝變夕改'라는 말은 나를 두고 하는 말인 것 같아 부끄럽기 짝이 없구려.

몇 년 전에 나는 당신에게 '절연기絶煙記'를 보낸 적이 있음을 이미 알고 있을 것이오. 온갖 구실을 붙여 가며 매정하게 당신과의 인연을 끊고자 고뇌 섞인 선언을 하였지요. 제일 먼저 건강을 위하여 당신을 멀리하려 한다 했었고, 어린 손자들에게 해롭다는 이유가 다음이었소. 또 늘그막에 아내의 눈총도 더 이상은 견디기 어려웠고, 무엇보다 당신과 주酒 선생을 멀리하려는 염량세태炎凉世態 앞에 어쩔 수 없이 무릎을 꿇어야 했었소.

어쩌면 당신과의 인연을 끊고자 했을 때가 정말 잘한 일인지도 모르겠구려. '성인군자도 시류를 따라 살라.' 했으니 말이오. 그러나 사람이 살아가면서 항상 옳고 바른길로만 갈 수 없는 것 아니겠소. 번연히 나쁜 줄 알면서도 연 선생과 주 선생을 사랑하며 가까이 두어야 하는 하소연을 한번 들어보시오.

내가 팔공산에 들어올 때를 기억하겠지요. 숙박업을 시작할 때 당연히 만수받이로 살고자 굳게 다짐을 하였으나, 시시때때로 닥치는 생각지도 않은 일들 때문에 받는 스트레스를 맨몸으로 감당하기에는 무척이나 어려웠지요. 방안에 머리카락 한 개만 나와도 청소가 되지 않았다고 시비요, 뜨거운 물 욕조에 철철 넘치도록 흘려보내는 것쯤이야 이해할 수 있다하더라도, 밤 12시가 넘어서 들어온 술 취한 손님이 큰 소리로 다투는 일이라도 생기면 좌불안석坐不安席으로 안절부절못하는 심정을 아실는지요. 어디 그뿐이겠소, 항상 여유 있게 준비해 둔 휴지나 종이컵 등을 어떻게 사용하였는지 시시때때로 갖다달라는 손님 비위 맞추며 살기에는 무척이나 힘이 들었다오. 게다가 방이 덥다 춥다 타박하는 천층만층 구만 층인 손님들의 성미를 일일이 맞추기는 참으로 힘든 일이었소. 이럴 때마다 밤하늘 쳐다보며 별빛에게 하소연해야 하는 심정을 누가 알겠소. 게다가 밤이 늦도록 잠자리에 들 수 없는 날들이 많다 보니 무료한 시간을 달래느라고 자연스럽게 한잔 술을 찾게 되는구려. 한잔 두잔 거듭하다 보면 당연하다는 듯이 당신을 찾는 눈길이 바빠지게 마련이지요. 그 눈길마저 끝내는 스트레스가 되더란 말이오. 당신을 가까이하면서 40년을 살아왔는데 어찌 단칼에 무 자르듯이 당신을 잊을 수 있겠소.

애초에 틀려먹은 짓이었소. 내 인간 됨됨이가 이것밖에 되지 않은 것인데 괜히 용기 있는 척하면서 당신과의 인연을 끊겠다는 생각 자체가 잘못이었소. 그러나 변명이라도 해야겠구려. 담배를 즐긴 사람은 예로부터 동·서양을 막론하고 수없이 많았지만, 영국의 수상이었던 처칠 같은 분도 그 중의 한 분이었지요. 항상 파이프를 입에 물고 있었으니 말이오. 그래도 그분은 당신으로 인해 병들어 죽었다는 이야기를 들어보지 못했소. 어디 그뿐이겠소. 내가 아는 어느 어른께서는 밥 한 끼는 굶어도 당신 없이는 한 시간도 살 수 없다는 분이 있지요. 그분도 나이 80을 훨씬 넘기고 90고개를 바라보고 있지만, 건강에 아무런 이상 없이 잘 살고 계신다는 말이오.

위대한 과학으로 증명된 사실을 부인하려는 것은 절대 아니오. 지금의 사회풍조가 술, 담배를 멀리하는 추세가 매우 강한 것도 잘 알고 있소. 술을 많이 먹으면 간이 나빠지기 쉽고, 담배 자주 피우면 폐와 기관지에 좋지 않다는 것은 이미 천하에 다 알려진 사실이 잖소. 그러나 가만히 생각해 보면 애써 건강을 지키겠다고 이것 금하고 저것 멀리하느라 스트레스를 받으며 사느니 차라리 주위의 눈총을 좀 받겠소만 내 마음 편한 대로 사는 것이 좋을 듯하오.

이 모두가 다 궤변이겠지요. 모두가 나쁘고 좋지 않다는 것을 훤히 알면서도 의지가 박약하여 이겨내지 못하고 자기 합리화하는 말이겠지요. 그래도 좋소. 어쩔 수 없이 난 이렇게 생겨먹은 사람이란 말이오. '건방진 까마귀 뒤집어 날고, 못된 콩나물 누워서 큰다.'라고 욕해도 어쩔 수 없소. 세상 돌아가는 흐름에 굳이 역행하며 살아서 욕을 먹는다 하더라도 내가 기꺼이 감수해야 할 일이겠지요. 마누라 잔소리쯤이야 당신과의 달콤하고 은밀한 만남을 위해 지불해야 하는 대가로 감수해야겠지요.

연 선생.

또 언제 당신과의 인연을 매정하게 끊고자 선언하게 될는지는 모르겠소만, 그래도 팔공산 자락에 무심하게 흘러가는 흰 구름 한 조각을 벗으로 삼아 살아가고 싶소.

▣ 만수받이 : 온갖 말로 아주 귀찮게 구는 것을 싫증을 내지 않고 좋게 잘 받아주는 일. 온갖 말을 잘 받아주다.

✿ 2010. 04. ✿

직업 불만족

20여 년도 더 되게 사귄 친구가 있다. 그 친구는 자영업을 운영하고 있다. 겉으로 보기에는 매우 화려하고 안정적인 직업이다. 그런데도 그 친구는 대화중에 툭하면 "공직자들은 편안하게 지내면서 아까운 국민 혈세나 축내는 존재다."라고 비하하기 일쑤다. 이때 공무원이나 공직자 친구가 곁에 있으면 더 심해진다. 일종의 공직에 대한 콤플렉스가 있는 것 같다.

세상에는 수천, 수만의 직업이 있고, 그것들이 새롭게 생겨나기도 하고 사라지기도 한다. 자기의 직업에 대하여 100% 만족하며 사는 사람은 매우 드물다. 그래도 사람들은 자기의 일에 순응하며 생계를 이어가고 있다. 자기의 직업에 대하여 불평과 불만을 토로하면서도 어쩔 수 없이 그 일에 적응하며 살아간다. 마땅한 다른 대안이 없기 때문인지도 모른다.

어느 직업, 어느 직종이든지 나름대로 고충과 애로사항은 있을 것이다. 소위 사회적으로 흔히 분류하는 화이트칼라 직종에 종사하는 사람들을 그렇지 못한 직종에 종사하는 사람들이 부러워도 한다. 그러나 화이트칼라 직업에 종사하는 사람들도 가끔은 블루칼라 직업을 가진 친구가 부러울 때도 있다. 남의 직업을 부러워하는 마음은 자기 직업에 대한 고충이나 어려움만 알고 다른 직업의 어려움을 모르기 때문일 것이다.

직업에 대한 어느 정도의 불만은 자기 발전의 기회가 될 수도 있다. 배부른 돼지로 안주하기보다는 고뇌하는 가운데 더 큰 발전을 기약할 수 있기 때문이다.

자유 민주주의 국가에서의 직업은 인생행로에서 취사선택의 문제이고 철저한 성과주의에 의한 선택이다. 인생 자체가 항상 선택을 강요당하는 것인지도 모른다. 어린 시절 초등학교를 졸업하고부터 상급학교 진학도 본인 의사이거나 주어진 환경여건에 따라 진로를 결정해야 하는 선택이다. 또한, 운이 좋아 상급학교로 진학하였다 하더라도 이과, 문과로 나뉘는 선택의 길을 만나게 된다. 진학을 할 수 없는 형편에도 고학으로 고생하며 공부하는 사람도 있고, 일찍 상공업계에 뛰어들어 자기의 적성을 개발하는 사람도 있다.

지금 한창 인기가 좋은 공직자가 되는 것도 임용과정인 공직자 채용고시를 통하여야 들어갈 수 있다. 자신이 하고 싶다고 아무나 공직자가 되는 것은 아니다. 그렇게 되기 위해서는 많은 노력이 수반되어야 함은 당연한 사실이다.

공직자를 심하게 비하하는 그 친구의 선택과정이 어떠했는지는 알 수 없지만, 분명한 것은 자기의 선택에 대한 불만이 죄 없는 공직자에게 돌아오는 것인지도 모른다는 생각이 든다. 또한, 자영업으로 얻게 되는 부富와 명예名譽는 차치하더라도 토요일, 일요일도 쉬지 못하고 자기 업무에 매달려야 하는 고달픔과 아쉬움 때문인지도 모른다. 때맞추어 자기의 시간을 갖는 공직자가 괜히 미워지는 것인지도 모른다.

선택의 시기를 놓쳐버려 처음부터 공직자의 길로 들어갈 수 없는 길이라면 순응하는 것이 옳을 것이나 이 친구에게만은 통하지 않는다. 공직자가 꼭 필요한 존재임을 모를 만큼 아둔한 사람도 아니다. 단지 공직자를 시기하고 비하함으로써 자기의 불만욕구를 채워가는 하나의 수단으로 활용할 뿐이다.

사람이 살아가면서 매 순간들이 선택의 문제이지만 일정한 직업을 갖는다는 것은 평생을 좌우할 수 있는 일이기에 그 선택의 중요성이 더 강조되는 이유일 것이다.

몇 해 전부터 우리나라 사람들 입에 회자하는 '이태백'이니 '사오정'이니 '오륙도'니 하는 말들이 있다. 장차 이 나라를 이끌어갈 젊은 청년층의 직업 선택의 어려움을 대변하는 말이고, 일단 선택한 직업에 대한 불안정성을 비유하는 말들이다.

어느 정도 자기 직업에 대한 불만을 품는 것이야 당연한 일인지도 모르겠지만, 그것을 내놓고 불평할 시대는 결코 아니다. 이 시간에도 직업과 일을 구하기 위해 노심초사하는 사람들이 우리 주위에 너무 많기 때문이다. 아무리 노력해도 얻을 수 없는 것이 존재하는 이 세상이 미운 사람도 있을 것이다. 어떤 일이든지 안정된 그것을 가진 사람은 이웃을 한 번쯤 돌아보는, 그래서 불평할 직업마저도 가지지 못한 사람이 우리 주위에 있다는 것을 알았으면 좋겠다.

✿ 2006. 05. ✿

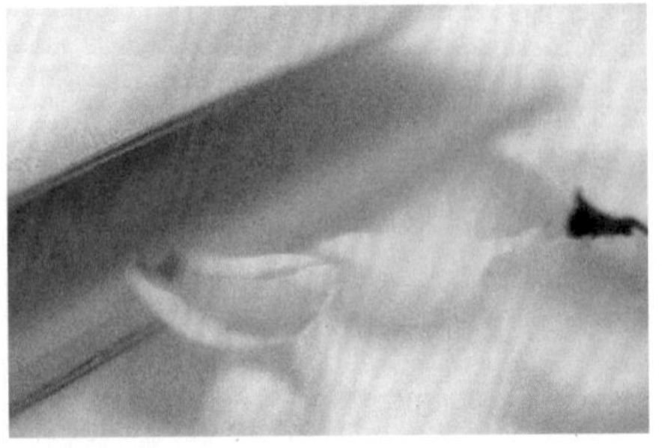

4부

들메끈을 고쳐 매고

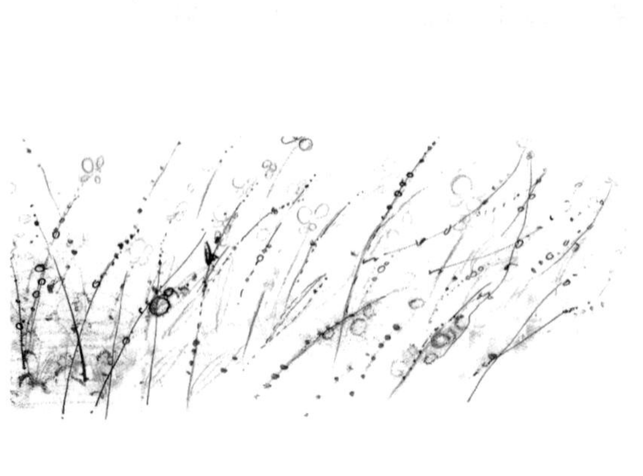

피끝에 서서 순흥을 보다

영주 땅 순흥 고을을 찾아가는 길은 순탄하다. 훤히 잘 뚫린 도로를 승용차로 편안하게 달린다. 아직 겨울이 채 끝나지 않은 2월 중순인데도 차창을 통해 들어오는 햇살이 따사롭다. 피끝 마을에 도착했다. 조그만 시골 마을이다. 550년 전, 죽계천 청다리에서 10여 리 냇물을 붉은 핏빛으로 물들이며 흐르다가 마침내 끝난 마을, 그래서 피끝이라 불리는 마을이다. 피끝 마을에 서면 순흥이 보인다. 넓은 들 건너편 커다란 학이 비상하려는 듯 날개를 펼치고 있는 소백산이 보인다. 그곳을 누가 순한 백성이 잘사는 곳이라고 이름 지었던가.

사람이 가지는 욕심과 욕망은 어떤 것일까? 사전적 의미로 '자기만을 이롭게 하는 마음'을 욕심이라 한다면, '부족함을 느껴 이를 채우려고 바라는 마음'을 욕망이라 정의한다. 굳이 전자를 이기적이라 표현한다면, 후자는 보다 대의적인 것으로 간주한다. 그러나 무엇인가 부족한 것을 채우려고 바라는 마음에서는 같은 뜻일 것이다. 사람은 작든 크든 욕심과 욕망을 가지고 있다. 많이 가진 사람은 더 큰 것을 바라고, 적게 가진 사람은 적은 대로 가슴에 간직한 채 살아가고 있다. 사람이 가지고 있는 욕심이나 욕망 그 자체를 꾸짖고 욕할 것은 아니다. 그것으로 말미암아 사회와 개인이 발전하고 향상되는 것은 당연하다. 하지만, 남에게 폐를 끼치고 남의 것을 빼앗는 행위라면 당연히 손가락질을 받아야 할 것이다.

한 사람의 잘못된 생각 때문에 일어나는 결과는 대개가 남에게 피해를 주고 끝나게 된다. 옛날에도 그랬다. 수양대군의 잘못된 욕망 때문에 얼마나 많은 사람이 피 흘리며 죽어가야 했던가. 공맹孔孟의 가르침을 따르고 삼강오륜이 생활의 규범이었던 조선시대에 일어난 일이다. 제아무리 세상을 다스릴 뛰어난 지략과 지모를 가지고 있었다 하더라도 그렇게 해서는 안 될 일이다. 장조카 단종이 나이 어리고, 품은 경륜이 부족하다면 숙부로서 당연히 왕을 보필하여 자기의 경륜을 얼마든지 펼칠 수 있었을 것이다. 끝내 어린 단종을 왕의 자리에서 쫓아내고 자기가 차지함으로써 피의 역사는 시작되었다.

순흥 고을에 유배되었던 금성대군의 죽음에 관한 이야기도 또 다른 욕망의 결과였다. 수양의 왕위찬탈에 대항하여 단종의 복위를 꾀하려는 사육신과 뜻을 같이하였다가 끝내 순흥 고을에 위리안치圍籬安置 된 금성대군이다. 죄인의 몸이 되어 이곳까지 유배 와서도 그 피 끓는 절기를 삭이지 못하고 거사를 계획하였다. 어떤 측면에서는 무모하게 보이기까지 하는 계획이었다. 죄인의 몸으로 비록 순흥부사 이보흠의 적극적인 지지를 얻었다 하나 몇 사람의 비분강개에 의지하고, 영남 지방 올곧은 선비 정신에 호소하여 국가를 상대로 거사를 계획하였다는 사실 앞에 한편으로 쓴웃음을 짓게 한다. 게다가 횃불 한번 올려보지도 못하고 화살 한 대 쏘아보지도 못한 채 물거품이 되고 말았으니 말이다.

금성대군과 이보흠의 단종복위 거사가 실패로 끝나게 되는 경위 또한 욕심에 눈이 어두운 사람 때문이었다. 일신의 영달에 눈이 먼 한 사람의 관료에 의해 기천현감에게 알려지고 역모계획이 즉시 중앙으로 고변 되었다. 불길처럼 쳐들어온 관군에 의해 순흥부 일대는 피가 튀고 살이 찢어지는 살육의 역사가 시작되었다. 이들과 뜻을 같이한 사람들은 말할 것도 없고 단지 순흥에 살았다는 이유만으로 30리 안의 모든 백성이 죽임을 당해야 했던 것이다. 이렇게 참혹한 피를 부른 고변으로 관료와 기천현감은 얼마나 출세를 하고 신분이 상승 되었을까. 후세에 사람은 이 사건을 정축지변丁丑之變이라고 기록하고 있다.

결국 나이 어린 단종마저 처참하게 죽임을 당했다. 단종은 죽어서 태백산 산신이 되고, 금성은 죽어 소백산 산신이 되었다. 순흥 고을에 그렇게 지독한 피의 살육이 있었어도, 그 후손들은 누구를 원망하는 마음을 품지 않았다. 오랜 세월이 흘러 소박한 욕심밖에 가질 줄 몰랐던 백성이 순흥 고을에 살고 있어서 뜻을 모아 스스로 금성신단을 모으고 초군청을 세웠다. 금성대군을 산신으로 받들어 제사를 모시는 것이다. 소를 잡아 제물로 사용하게 되는데 이때 잡는 소를 특이하게도 '양반님'으로 부르고 있다는 것이다. 아마도 소백산 산신이 된 금성대군에게 바치는 제물에 대한 신성함을 나타내기 위한 순박한 마음의 표현이리라.

어린 조카 단종을 쫓아내고 왕위에 오른 세조에게도 잘못된 욕망이 가져온 죄의 징벌은 오래지 않아 생전에 찾아왔다. 세조 스스로 고백하였듯이 단종의 어머니 현덕빈 권씨가 꿈에 나타나 "천하에 악독하고 더러운 놈"이라고 욕하며 침을 뱉었다 한다. 침이 튄 온몸에 문둥병 같은 피부병이 돋아 평생을 병고에 시달리며 살았다

하니 천벌을 받았기 때문인가. 세조도 끝내는 지독한 병마와 싸우며 평생을 후회하며 고뇌 속에 살다가 갔을 것이다.

금성신단 곁으로 오래된 고목 한 그루가 서 있다. 순흥 고을 피의 역사와 함께 죽었다가 200년 뒤에 다시 살아났다는 나무로서, 압각수라는 특별한 이름으로 불리는 은행나무이다. 비록 고목일망정 든든하게 뿌리박고 서 있는 모습이 옛날의 참혹함을 증언하는 듯 보였다. 채 100년도 채우지 못하고 죽어야 할 인간의 덧없는 욕심과 욕망을 비웃기라도 하는 것일까. 저녁노을 빛 아름다운 등 뒤로 소백산 중턱에 흰 구름 한 조각 유유히 흘러가고 있다.

✿ 2009. 05. ✿

절명사비絶命詞碑

봄날이라고는 하지만 아직도 겨울의 뒤끝이 남아 있다. 말로만 듣던 현풍의 솔례에 있는 12정려각을 혼자서 찾아가는 길이다.

옛날 우리 선조는 임금과 신하, 아버지와 자식, 남편과 아내 사이에 마땅히 지켜야 할 도리였던 '삼강오륜三綱五倫'을 근거로 충신과 열녀, 효자에게 포상했고, 그들이 사는 마을 입구에 '정려각旌閭閣'을 세웠다.

일문삼강一門三綱, 사효자려四孝子閭, 양효자려兩孝子閭라고 적힌 현판이 눈앞에 들어온다. 12칸에 나뉘어 나란히 걸려 있는 정려의 표식이 눈앞에 펼쳐진다. 화려한 전각의 단청에 비하여 고색창연한 현판이 잘 어우러져 있다. 흘러간 세월만큼이나 사연도 많다. 임진왜란 때 왜적과 싸우다 장렬하게 전사한 아버지와 그의 아들, 그들을 따라 자결한 며느리, 왜놈을 피해 동굴에 숨어 있다가 천식이 심한 아버지의 기침 소리에 발각되어 온몸으로 아버지를 지키려다 죽임을 당한 효자 네 명, 네 살 다섯 살 된 아이의 아버지가 죽자 어른도 따라 하지 못할 애절한 곡소리를 냈다는 두 효자, 곽씨 가문에 시집 왔다 열부가 되어 죽어간 여인들의 이야기를 말없이 전해 주고 있다.

남자는 나라와 부모를 위해 죽어 상을 받고, 여자는 남편을 따라 죽음으로서 상을 받아야만 했던 시절의 서글픔을 12정려각은 이야기해 주고 있다. 그중에서도 내 눈길이 정려각 한 곳에 오래도록 머문다.

붉은 피의 절명사絶命詞를 남기고 죽은 곽내용의 처 전의 이씨의 절명사비 앞이다. 결혼 후 신행도 하기 전인 6개월 만에 남편이 죽으니 그를 따라 죽으려고 했다. 부친의 간곡한 만류로 뜻을 이루지 못하다가 마침내 부친께서 돌아가시고 자진하였다는 비문에서는 진한 감동보다는 한 여인의 애달픈 사연과 함께 서글픔이 짙게 묻어난다. 죽어가면서 남겼다는 절명사가 있어 그의 죽음은 명징하게 증명된다 하더라도 한 가문의 영광을 위하여 극단적인 선택을 한 것이 아닐까 하는 상념이 꼬리를 물고 놓아주지 않는다.

옛날이나 지금이나 사람의 삶이란 같았으리라. 두 사람이 부부의 인연으로 만나 어느 한 쪽이 먼저 죽는다면 분명히 애석한 일이다. 그렇지만, 남편을 일찍 사별하고 여인네 혼자 살아가는 일은 흔히 있는 일이다. 남편을 잃고 뒤에 홀로 남은 여인네의 삶이란 힘들고 어려웠으리라 짐작하고도 남는다.

때로는 힘들고 지친 삶에 찌들어 소리 없이 토해내는 울음이 그 얼마나 많았을까. 그렇다 하더라도 주어진 인생을 단칼에 무 자르듯이 끝낼 수는 없었기에 많은 사람은 힘든 삶을 살아가야 했을 것이다.

25세의 젊은 여인의 몸으로 남편의 죽음을 애도하며 뒤따라 죽는 것이 과연 옳은 일이었을까. 그의 죽음이 장한 일이라고 칭찬하며 나라에서 표창하는 것이 옳은 정책이었을까. 생각의 차이인지도 모르겠다. 삼강오륜이라는 윤리 도덕도 중요하고, 계승 발전시켜야 할 우리의 생활 덕목이다. 그렇다고 남편을 따라 죽음의 길을 택한 여인도, 그런 행위가 거룩한 열부의 상이라고 정려각을 세워 표창한 일도 모두 옳은 일이었나를 깊이 생각하게 한다.

내가 지금 죽는다고, 또한 아내가 죽는다고 따라 죽을 수 있을까? 모두가 원하지 않는 일일 것이다.

시대가 바뀌고 가치관이 변한 탓이라고 할까. 사람이 변한 탓일까.

✿ 2010. 05. ✿

들메끈을 고쳐 매고

오랜만에 20년 지기 친구들과 한라산 등반을 하는 날이다. 봄날의 화창한 날씨에 부드러운 바람이 볼을 간질인다. 성판악을 출발하는 발길들이 무척 가벼워 보인다. 등산길의 초입이라서 그런지 한라산 정상으로 오르는 길은 비교적 완만하다. 친구들과 이런저런 이야기를 나누며 힘찬 발걸음으로 한라산을 품에 안는다.

20대 초반 까까머리 시절 공직자의 길로 들어섰다. 사회가 무엇인지도, 그곳이 얼마나 냉정하고 비정한 곳인지도 알지 못했다. 사회 초년생으로 겁 없이 뛰어들어 마냥 행복했었고 희망이 넘쳐 있었다. 처음 가진 직장생활을 6개월도 해보지 못하고 국가의 부름을 받아 군 복무도 마쳤다. 그리고 어린 여인을 신부로 맞이하여 가정을 꾸리게 되었다. 비록 살림살이야 궁색하였을지라도 젊음과 사랑이라는 무기를 가진 삶은 희망이 있었고 소박한 꿈도 가졌었다.

지난가을부터 겨울을 지나는 사이 너무 나태했었나 보다. 운동을 하지 않아서 그런지 30분가량 산을 오르니 서서히 다리에 신호가 온다. 종아리 근육이 땅기고 허리도 좋지 않다. 이쯤이야 산을 오를 때마다 매번 있는 일이니 괘념할 것도 못 된다고 애써 위안을 하며 행여나 친구들에게 뒤질세라 힘차게 걸음을 내딛는다.

최초의 시련은 생각지도 않은 곳에서 시작되었다. 경산에서 직장 생활을 하던 아내가 아이를 갖게 되었다. 배가 점점 불러올 즈음 어려움이 닥쳐왔다. 지금이야 대구~경산은 한 도시가 되다시피 되었지만 70년대 초반은 꽤나 먼 길이었다. 주로 통근열차를 이용하였으나 때로는 시외버스를 이용하여야 했다. 다시 대구로 전근을 오는 것이 여러모로 편할 것 같았다. 아내가 다시 대구로 들어올 수 있도록 노력한다는 것이 잘못되어 유신시절 서정쇄신에 걸리고 말았다. 부정 인사 청탁이라는 것이다. 감봉이라는 중징계도 받았다.

점점 호흡이 가빠진다. 다리 근육은 뭉쳐 아파왔고 허리마저 통증이 온다. 아직 반도 오르지 않았는데 큰일이다. 같이 출발한 친구들은 시야에서 사라진 지 한참이나 되었다. 그래도 속 깊은 한 친구가 있어 내 형편을 살피며 천천히 보조를 맞추어준다. 담배라도 한 대 피우고 싶었으나 친구에게 미안하여 쉬어가자는 말도 못하고 묵묵히 걷는다.

애당초 잘못 생각하였다. 우리 내외가 월급 받아서 알뜰히 저축하며 살아야 했었다. 한두 번 겪어본 일도 아닌데 또 잘못 판단하고 말았다. 통 크기가 백두산보다 크다는 아버지에게 사업을 맡긴 것이 잘못이었다. 개발붐에 편승하여 주택경기가 한창 좋은 시절 아버지는 집을 지었다. 처음에 집을 한 채 지어 팔 때는 쏠쏠하게 재미를 보았다. 그러나 두 번째는 완전히 빚더미에 앉게 되었다. 원인은 측량을 잘못하여 남의 땅 경계에 집을 앉힌 것이었고, 좋은 집 한 번 지어보겠다는 욕심에 무리한 투자를 한 때문이었다.

도저히 더는 계속 오를 수가 없을 것 같다. 동행해 주던 친구와 같이 간이휴게소로 들어간다. 쉬고 싶었던 욕망이 너무 강했기 때문이다. 그늘 밑, 조금은 한적한 곳을 찾아든다. 배낭을 벗어놓고 앉아 서로의 얼굴을 본다. 말을 하지 않아도 무엇이 필요한가를 서로가 더 잘 알고 있다. 담배를 꺼내어 불을 붙여 한 모금 깊이 마신다. 아직도 제1차 목표지점인 진달래 산장까지는 적잖게 남았다.

아버지의 사업실패 이후 가정을 재정비하기 위해서 아내는 직장을 그만두어야 했다. 빚이 많은데 직장을 그만 둔다니 이해가 안 될 수도 있다. 그러나 결혼 이후로 단 하루도 떨어져 살지 않았던 부모님 곁을 떠나 독립해서 모든 것을 정리하고 싶었다. 당장 집 얻어 나갈 돈도 없었다. 아내의 퇴직금으로 이층 방 두 칸짜리를 얻어 나갔다. 고생을 감수하고 시작한 살림이었지만 한번 엎질러진 일을 뒷감당하기에는 너무나 많은 희생을 치러야 했다. 아이들은 점점 커 가는데 먹는 것까지도 아껴야 했다.

다시 배낭을 메고 출발한다. 고생을 작정하고 나선 길이다. 힘들다고 그만두고 하산할 수는 없다. 곁에서 응원해 주며 보조를 맞추어 주는 든든한 친구가 한없이 고맙다. 구슬땀을 흘리며 앞만 보고 열심히 걷는다. 한 시간쯤 지나니 다리의 감각마저 무디어질 무렵 저만치 진달래 산장이 보인다. 앞서 간 친구들이 박수로 반겨주지만 늦게 도착한 미안함에 건성으로 화답하고 뒷자리를 잡아 앉는다.

사람이 일생을 살아가면서 고생길만 있는 것은 아닌가 보다. 직장에서 승진을 하였다. 연이어 동생도 결혼하고 부모님은 낙향하시면서 살림이 조금씩 좋아지기 시작했다. 또 승진을 하고 몇 번 지방을 다녀오고 하면서 드디어 아담한 내 집도 마련하였다. 아들 딸 결혼도 시켰고 손자들도 보았다. 자연스럽게 퇴직하게 되었다.

진달래 휴게소에서 정상까지는 그렇게 멀지는 않다. 대략 2㎞ 정도 된다. 물 한 모금으로 갈증을 달래며 배낭을 추스르고 들메끈을 다시 힘차게 고쳐 맨다.

회한은 없다. 비록 어렵게 살아왔더라도 한 가정의 장남으로서 대가족을 이끌며 최선을 다했다. 앞으로 살아갈 날이 얼마나 남았는지 모른다. 질곡의 세월을 살아온 옛 추억들이 주마등처럼 지나가지만 과거는 과거일 뿐이다. 이 나이에 무슨 큰 부귀영화가 있겠느냐 싶지만 인생은 60부터라고 했던가. 이제부터 다시 시작한다는 생각으로 마음을 가다듬는다.

✿ 2010. 04. ✿

보물 한 점

크기는 한 자 남짓하고, 폭은 가장 큰 밑 부분이 반 자 정도이다. 세상 사람들이 부르기를 분청사기 화병이라 한다. 기다란 목을 가지고 있으며 날렵한 몸매가 귀여움을 더하고 있다. 거기에 금상첨화로 몸통에 산수화 그림까지 더했으니 그 그림을 자세히 보면 고산高山 기암절벽奇巖絶壁에 도인인지, 신선인지 모를 사람이 위풍당당한 자세로 두 손으로 바위를 짚고 앉아 밑을 내려다보고 있다. 절벽 밑으로는 유유히 장강長江이 흐르고 그 강물 위에 원앙鴛鴦 한 쌍이 헤엄치고 있다. 그림의 기법은 도자기에 분청 재료를 입히고 조각도로 그림을 파낸 후 구워낸 것이다.

내가 가장 아끼고 사랑하는 물건이다. 오래전 직장에 근무 중일 때 일이다. 친밀한 동료가 직장에서 어려운 처지에 놓였을 때 우연히 알게 되었다. 내가 그를 도와줄 수 있는 위치에 있었으므로 일이 잘 풀리도록 해결해 주었다. 그때 고맙다는 성의의 표시로 내게 선물로 준 것이다. 친구의 말로는 자기 집에 오래전부터 보관되어 있던 것이라 했다. 그 후로 나의 서재에서 한 자리를 차지하고 앉아 있다. 그 작품이 내 수중에 들어온 지도 벌써 20여 년도 더 지났으니 꽤나 오래도록 정이 든 물건이다.

요즈음 모 TV 방송국에 '진품명품'이라는 프로그램이 방송되고 있다. 시청자들이 소장하고 있는 고서적, 백자, 청자, 고화古畵, 민예품 등의 골동품을 가지고 나오면 그 방면의 전문가들이 감정하여 진품인가 아닌가를 가려낸다. 그리고 그 값어치는 얼마나 되는지를 알아보는 코너이다. 아내와 나도 이 프로그램을 흥미롭게 매주 보고 있다.

얼마 전에 고서화 한 점이 나왔는데 1억 원 이상의 가격이 나왔다. 말이 1억 원이라는 금액이지, 아무리 돈 값어치가 없어졌다 하더라도 그림 한 점에 1억 원이 더 가는 금액이라면 우리 같은 서민으로서는 언감생심 꿈에도 생각하지 못할 금액이다. 그 그림을 소장하고 있던 사람이 그 사실을 알았을 때의 심정은 어떠했을까? 평소에는 좋은 그림 한 점 가지고 있다 생각하고 잘 보관했을 것이다. 그런데 어느 날 갑자기 1억 원이 넘는 보물이었다는 사실을 알았을 때 그 심정은 어떨까 궁금해진다. 우리 부부는 이 프로그램을 보면서 "저 그림을 누가 사겠어." "아니야 돈 있는 부자라면 1억 원 정도쯤이야 푼돈이겠지." 하면서 갑남을녀甲男乙女로 할 수 있는 이야기를 다 꺼내놓고 이러쿵저러쿵했었다.

그 반대의 경우도 있었다. 추사 김정희가 그림을 그리고 이어 글씨를 쓰고 나서 선명하게 낙관까지 찍힌 8폭 병풍 한 점이 나왔다. 모두 대단한 작품이 나왔다고 호들갑을 떨고 있는데 결과는 의외였다. 그 작품에 대한 평가 금액은 10만 원도 안 되었다. 쉽게 말해 진품이 아니고 모작이라는 것이다. 전문가도 자칫하면 속을 뻔했을 정도로 정교하게 위조된 작품이었다. 우리 부부도 그 프로그램을 보면서 저 작품을 이제까지 대단한 보물인 양 간직하고 자랑했을 소장자의 심정을 헤아려 보았다. 차라리 이 프로그램에 가지고 나오지 말고 그냥 보관하고 있었다면 본인에게는 대단한 보물이었을 것이다. 그런데 자랑삼아 들고 나온 것이 화근이 되고 말았다. 이제까지 자랑스러워했던 작품이 가짜라고 온 천하에 공표하고 말았으니 이제 한갓 보잘것없는 물건이 되고 말았을 것이다. 어쩌면 바로 폐기처분 했을지도 모르겠다.

이 프로그램을 보면서 내가 아끼고 사랑하는 분청사기화병도 가지고 나가보고 싶어진다. 뭐 그렇게 몇 억, 몇 천만 원까지는 바라지 않는다. 단지 누구의 손으로 언제 만들어졌고 얼마의 가치를 가지고 있는지 알고 싶어진다. 그러나 며칠 지나지 않아서 마음을 고쳐먹기로 했다. 다시 생각해 보면 만일 내가 소장하고 있는 작품이 진품이라서 대단한 가치를 가지고 있다면 그것을 선물한 동료에게 미안하게 된다. 동료가 이 사실을 알았을 때 마음이 어떨까를 생각하게 된다. 그와 반대의 경우라도 마찬가지이다. 만일 형편없는 모작 정도라면 내가 이제까지 아끼고 사랑한 그간의 정이 아쉽다. 또한 진정 고마움에 대한 순수한 마음으로 나에게 선물한 동료의 마음도 역시 미안해지리라. 그래, 이대로 보관하고 있자. 그 방면에 비록 문외한이지만 내가 보기에도 썩 괜찮은 작품 같아 보이니 그냥 보물인 양 간직하고 싶다. 가끔 이제는 헤어진 동료에게 대화라도 나누듯 어루만지고 닦아주며 사랑해 주는 것으로 족하다. 그것이 나에게 좋은 작품을 선물한 동료의 마음을 곱게 받는 일이라 생각된다.

✿ 2007. 02. ✿

사리암

올해 장마는 유난히도 비가 잦다. 한차례 태풍이 쓸고 지나간 자리를 이어받아 장맛비가 퍼붓고 있다. 온통 물난리가 났다고 나라가 시끌벅적한데 난데없이 운문사 사리암을 찾아가고 싶다. 장맛비가 약간 뜸해진 틈을 이용하여 조금은 주저하는 아내를 어르고 달래어서 서둘러 떠났다.

고향 냄새가 묻어날 것 같은 운무가 짙게 깔린 호반 옆 산길이 매우 곱다. 호젓하리라는 기대와는 반대로 주차장은 자동차가 빼곡하다. 천천히 사리암 입구로 들어선다. 갑자기 번개 치듯 후두두 쏟아지는 소낙비를 즐기며 돌계단을 오른다. 남자의 보폭과 비교가 되지 않는 아내의 걸음에 맞추어 오르기에는 약간 짜증스럽기도 하다. 혹시 내 마음을 들킬까 싶어 애써 아내의 눈치를 살피며 보폭을 맞추며 오른다. 어느새 소나기는 또 그쳤다. 연일 계속되는 장맛비에 다람쥐도 잠시 짬을 내어 먹이라도 찾으려는지 쪼르르 앞길을 가로질러 뛰어가다 뒤돌아서 빤히 쳐다본다.

정갈한 돌계단 길은 여전히 고향 시골길 같아 정이 간다. 언제 이 길을 올라갔던가. 지난해까지는 아내와 자주 찾던 길이었는데 제수씨를 저 세상으로 먼저 보내야 하는 가슴 아픈 일을 당하고 나서 자주 찾아오지 못했다. 산길을 올라오느라고 온몸이 땀범벅이 되었다. 절 입구에는 땀으로 젖은 몸을 깨끗이 씻고 들어오라고 세면실과 욕실이 갖추어져 있다. 번거롭기도 하여 날씨 탓으로 돌리고 그냥 법당 쪽으로 향한다. 주 법당인 관음전을 애써 피하고 천연동굴 법당으로 들어간다.

절寺은 절拜을 많이 하는 집이라고 절이라 했던가. 언제나처럼 아내와 보조를 맞추며 오늘도 정성스럽게 절을 올린다. 산속 깊은 절에 와서 힘들여 절을 하는 이유는 무엇일까. 속세에 살면서 찌든 때를 벗어내려 함인가. 알게 모르게 어쩔 수 없이 지은 업장 소멸을 바라서인가. 절에 와서 부처님 전에 절을 올리면서 어찌 사소한 발원쯤이야 없을까마는 나는 모든 것을 제쳐놓고 하심下心을 배우고 싶어 절을 한다. 하심! 그것은 나를 낮추는 마음이며 겸손의 마음 아니겠는가. 항상 나를 앞세우는 마음, 내 것만을 챙기는 마음, 다른 사람과 비교하는 우월감, 아름다운 것만을 좋아하는 마음을 잠시 부처님 전에 엎드려 참회하며 하심을 배운다. 절하는 자세 자체가 오체투지이니 나를 낮추는 수행법이지만 그것을 의식하고 하는 절과 의식하지 않고 그냥 하는 절의 차이는 매우 크다. 비록 이렇게 비지땀을 흘리며 절을 하면서 하심을 생각하지만 돌아서 내려가는 순간부터 욕심과 교만한 마음은 다시 살아나겠지. 그래도 열심히 절하면서 나를 돌아보고 하심을 생각한다.

우리 부부가 땀을 흘리며 절을 하고 있는데 아주 앳된 학승 스님도 곁에서 절 수행 중이다. 스님이 절하는 것이야 수행의 일종이니 예사로운 일이다. 그래도 스님들은 특별한 경우를 제외하고는 일반 대중 신도와 어울려 절 수행을 하지는 않는 것이 보통이다. 그런데 어린 학승 스님은 우리와 똑같이 비지땀을 흘리며 열심히 절을 하고 있다. 스님은 어떤 마음으로 무엇을 배우려고 저렇게 비지땀을 쏟으며 절을 하고 있을까?

✿ 2006. 07. ✿

풍경風磬소리

"성불사 깊은 밤에 그윽한 풍경소리 주승은 잠이 들고 객이 홀로 듣는구나. ……." 우리가 잘 알고 있는 노산鷺山 이은상 선생의 〈성불사의 밤〉 노랫말이다. 조용한 산사에서 들을 수 있는 풍경소리는 우리에게 또 다른 편안함과 시정詩情을 느끼게 한다. 특히 밤늦은 시간 산사에서 듣는 풍경소리는 속세에서는 결코 느낄 수 없는 색다른 정취를 가져다준다.

절에는 많은 장식물과 상징물이 있지만, 우리가 절집을 이야기할 때 흔히 목탁, 사리탑, 그리고 풍경을 빼놓을 수 없다. 사람들이 목탁, 사리탑에 대해서는 어느 정도 알고 있으나 풍경의 의미에 대해서는 뜻밖에 잘 모른다. 풍경은 절 지붕 처마 귀퉁이에 달아놓은 일종의 작은 종이다. 절 규모를 제대로 갖춘 절이라면 대다수가 풍경이 달려 있다. 그냥 거기에 풍경이 달렸나 보다 하고 지나치고 만다.

풍경에 대한 사전적 의미로는 '1) 절의 처마 끝에 달린 경쇠(작은 종 모양임). 2) 절의 모서리 처마에 달린 종으로 추에는 붕어 모양의 장식이 달렸음.'으로 되어 있다. 세상에 아무런 의미 없이 어떤 장소에 존재하는 것은 없겠지만, 절집 처마에 달렸던 풍경에도 커다란 의미가 있음을 처음 알았을 때 놀라지 않을 수 없었다.

어느 스님에게 들었다. 밤새워 수련하는 스님들이 때에 따라서는 본능적으로 찾아오는 잡념, 수면 등의 시련을 자신의 힘으로는 감당하기 어려울 때가 많다고 한다. 이때 바람에 흔들리는 풍경소리에 다시 정신을 가다듬고 수련에 전념하라고 풍경을 달아놓았단다.

풍경에 달려 있는 추를 자세히 보면 붕어 같은 물고기 모양을 하고 있다. 하필이면 그 많은 사물 중에서 물고기 모양을 하고 있을까. 물고기 모양의 추를 달아 놓은 것에도 재미있는 의미가 내포되어 있다고 한다. 물고기는 밤에 잠을 잘 때에도 눈을 뜨고 잔다. 물고기는 선천적으로 눈꺼풀이 없다. 그러므로 눈을 감을 수가 없다. 풍경의 추를 물고기 모양으로 달아 놓은 것은 스님들이 항상 깨어 있는 정신으로 자신을 타이르라는 경각심을 상징한다. 풍경소리도 모자라서 그 풍경 속에 달린 추마저도 잠을 자지 않는 물고기 모양을 하고 있다는 것은 스님들의 처절한 구도求道정신을 상징적으로 나타내고 있는지도 모르겠다.

풍경소리가 어디 참선하고 수행하는 스님들에게만 해당하겠는가. 이 세상을 살아가는 중생들이라면 누구나 번뇌에 빠져 허우적대고 괴로워할 때가 참으로 많다. 이럴 때 우리는 절을 찾아가고 부처님께 경배도 올리며 자기의 발원을 아뢰기도 한다. 이때 고요한 산사 절집에서 듣는 풍경소리의 의미를 알고 있다면 자신을 추스르기에 많은 도움이 될 것이다.

나 역시 이룩하고자 하는 소망이 있거나, 어떤 일이 잘 풀리지 않아 마음고생이 심할 때면 습관적으로 절을 찾는다. 스님과 나누는 한 잔의 차 맛도 좋지만 조용한 절집 마루에 홀로 앉아 풍경소리를 들으며 마음속에 있는 생각들을 하나하나 정리해 보는 것은 참으로 도움이 많이 된다. 절에 찾아간다고 법당에 결가부좌를 틀고 앉아계시는 부처님이 직접 우리의 번뇌와 망상을 해결하는 방법을 가르쳐주지는 않는다. 풍경소리를 부처님의 무언법문으로 삼고, 나 스스로 마음속에 있는 문제들을 해결해 가는 가운데 보다 더 좋은 길을 찾게 됨은 나만의 사치인가.

✿ 2006. 04. ✿

성암산 가는 길 1

오랜만에 성암산을 찾는다. 이른 아침을 서둘러 마치고 아내와 나란히 성암산 산길을 오른다. 성암산을 등산하는 즐거움도 크지만, 오늘의 목적지는 일단 성암사까지로 정했다. 불자인 우리 부부는 참 좋은 도반이다. 누가 먼저 떠나자고 하면 두말없이 따라나선다. 오늘 같은 토요일 날 오전에 잠시 시간을 내어 쉽게 찾아갈 수 있는 곳은 경산의 성암산이 제격이다. 우리 부부가 성암산 성암사를 찾는 일은 몇 년 전부터 자주 있는 일상적인 일이었으나 요즈음 들어 참으로 오랜만이다.

오랜 세월을 같은 취향으로 오순도순 부부로 살면서 산이 좋아 산을 찾고, 산에 가니 절이 있어 더욱 편안한 마음으로 오른다. 사실 절이야 곳곳에 있다. 그러나 절은 어느 정도 산길을 걸을 수 있고, 속세와는 좀 떨어져 있는 곳이라야 제격이다. 향기 좋은 풀냄새, 나무냄새가 싱그럽고, 제멋대로 지저귀는 산새 소리에 시름을 잊는다. 조용히 우리를 맞이하는 산, 대지에 뿌리박고 장승처럼 서 있는 큰 나무들은 "오느라고 힘들었제, 너무 조급해하지 말고 천천히 쉬었다 가거레이."하면서 자연의 법문을 던져준다.

산을 오른 후 10분도 되지 않아 아내의 발길이 늦어진다. 나는 아내에게 '노루꼬리만큼도 올라가지 않아 엄살 부린다.'라고 핀잔을 주지만 그래도 아내가 대견스럽다. 50줄의 나이에 접어든 여자가 잡다한 가정 일을 돌보며 찌들게 살다 보니 어디 운동이라도 제대로 했을까. 이렇게 말로는 핀잔을 주면서도 아내의 건강을 지켜 주고 싶은 마음에 앞서서 보조 맞추어 같이 올라간다.

성암사에 도착하여 절 관리하는 인정 많은 처사님을 만나 합장 반배로 인사한 후 따뜻한 차 한 잔을 공양 받고 법당으로 향한다. 본존불 앞에 미리 준비해서 가져간 공양미를 올리고 부부가 나란히 두 손 모아 부처님께 정성을 다해 절을 한다. 누가 절拜을 많이 한다고 절寺이라 했다던가. 그렇게 하자고 말하지 않아도 108배를 시작한다. 우리 부부 각자의 마음속에 담은 작은 소망이야 다를 수 있겠으나 부처님께 올리는 발원이야 똑같을 것이리라. 가정 편안하고 가족 모두 건강하고…….

성암사에서 올라온 것만큼만 더 오르면 정상이다. 사실 나는 오늘도 정상까지 올라가고 싶어 은근히 아내에게 운을 띄워보지만, 오늘도 막무가내이다. 정상까지 가고 싶으면 혼자 가란다. 여기쯤에서 매번 마음이 상한다. 같이 정상에 올라가 확 트인 시야에 자연을 담고 마음껏 소리라도 한번 질러보고 싶은데 아내는 영 아니다. 성암사까지 따라온 것만도 감사하라는 눈치이다. 나는 두말하지 않고 아내와 같이 하산 길에 접어든다. 혹시 여기서 잘못하여 아내가 삐치기라도 한다면 오랜만에 산을 찾은 보람도 없이 부작용만 있음을 잘 알기 때문이다. 사실 아내에게 성암사 지대방에서 기다리라 하고 혼자 정상까지 올라갔다가 내려오고도 싶다. 넉넉히 시간을 계산해도 한 시간 정도면 가능한 일이다. 그래도 그냥 하산하기로 한다. 늘 이렇게 아내에게 지고 산다. 그것이 더 편한 것임을 알고 있다. 다음에도 성암산에 오르면 쓸데없는 일인 줄 알면서도 또 정상까지 가자고 운을 떼어 볼 것이다. 열에 하나 정도로 어쩌다 몸 상태가 좋을 때면 한 번쯤은 정상까지 동행해 주기도 하니까.

이제 몇 년 만 더 기다리련다. 다섯 살, 네 살배기 손자들이 좀 더 자라면 손자들도 동행하여 성암산을 찾아올 것이다. 성암사까지는 모두 같이 왔다가 아내는 더 가기 싫어하는 손자 데리고 하산하면 그만이고, 나는 그 중 씩씩한 손자와 내기라도 하면서 정상까지 올라가고 싶다. 마음껏 야호! 소리도 외쳐보고 저것이 우리 사는 동네, 너희가 다니는 학교라고 알려 주고도 싶다. 그때가 되면 내가 바라는 대로 손자들이 따라와 줄까. 혹시 저희 놀이에 빠져 성암산에 오르는 것조차도 마다할지 모른다. 그럼 나는 또 토라지겠지. 그래도 지금은 아름다운 희망을 품으며 환상에 빠진다.

✿ 2006. 06. ✿

성암산 가는 길 2

간단한 배낭 하나 둘러메고 터벅터벅 산길을 올라간다. 한 손에는 까만 비닐봉지 하나 들고, 또 한 손에는 날렵한 작은 집게 하나를 들었다.

얼핏 보기에는 산에서 대단한 무엇인가를 채취하는 사람같이 보인다. 가을철 도토리가 떨어지는 계절이나, 봄철 산나물이 돋아나올 철이면 더욱 그렇게 보인다. 그러나 사실은 대단한 일을 하는 것도 아니다. 시간만 나면 버릇처럼 찾아가는 성암산을 오르내리면서, 심심하다 싶어 길에 떨어진 휴지나 각종 쓰레기를 주워오는 것이다. 처음 시작할 때에는 나도 무척이나 쑥스러웠다. 동행하는 아내는 더욱 쑥스러워 그만두자고 한다. 그래도 한 번, 두 번, 회를 거듭할수록 차차 익숙해졌고 이제는 알아보고 수인사를 건네주는 사람도 있다.

산길을 걸어가다가 안면 있는 얼굴이라도 마주치면 반가워 먼저 인사를 나눈다. 안면이 없다 싶으면 애써 그냥 지나치려 하지만 상대방에서 먼저 인사를 걸어오기도 한다. "수고 많이 하십니다."라고 하는 사람도 있고 "좋은 일 하시네요." 하는 사람도 있다. 간혹 가다가 나이 지긋하신 어른을 만나면 "좋은 일 하시네요. 복 받으시겠어요." 하시며 활짝 웃으신다. 내가 쓰레기를 줍는 것을 보면 이구동성으로 하는 공통된 인사인지 독백인지 모를 말을 한다. "쓰레기 버리는 사람 따로 있고, 줍는 사람 따로 있고." 내가 뭐 대단한 애국자도 아니고 환경운동가는 더욱 아니다. 그렇다고 속물스럽게 복福이나 받자고 하는 일은 아니다. 그냥 올라갔다가 내려오는 길에 떨어져 있는 쓰레기들이 보기 싫어 주워오는 것일 뿐이다.

많은 사람은 자기 몸, 자기 집 치장하고 청결하게 하기는 좋아하면서도, 자기에게서 조금 떨어진 주변을 깨끗이 하는 일에는 등한시하는 경향이 있다. 산에 쓰레기가 널려 있는 것을 좋아하는 사람은 아무도 없다. 그러나 생각 없이 무심코 휴지 따위를 버리기는 쉬워도 줍기는 쉽지 않은 것이다. 특히 산행에서는 더욱 그렇다. 이 길은 산으로도 올라가는 길이지만 사찰로도 통하는 길이다. 등산을 목적으로 할 때에도 그렇지만 절에 기도하러 갈 때에는 작은 정성이라도 가져보려고 쓰레기를 줍는다.

쓰레기를 줍는 일에도 애로사항은 많다. 차라리 길 한가운데 버려진 쓰레기는 아무것도 아니다. 간혹 어떤 사람은 꼭 길 가장자리 조금 떨어진 곳에 버려놓는다. 눈으로 보았으니 줍지 않고 지나칠 수도 없다. 그것을 주워 쓰레기봉투에 담으려면 한두 걸음 정도 숲으로 들어가야 한다. 대수롭지 않은 일 같아도 여간 성가신 것이 아니다. 그러다 재수 없는 날이면 아주 더러운 오물과 그것을 뒤처리한 휴지 등을 만날 때도 있다. 그러면 애써 땅을 파고 묻어주지만, 여간 고역이 아니다.

쓰레기를 줍는 일에 또 다른 애로사항도 있다. 어느 땐가, 한 무리의 중년 부인들이 산 중턱에 모여 앉아서 과일을 깎아 먹고 있다. 그 옆에 널려 있는 과일 껍질이 지저분하여 쓰레기봉투에 주워 담고 있는데 어느 분이 참견을 한다. "아저씨, 과일 껍질은 썩어서 거름이 되고, 또 산짐승들의 양식도 되니 줍지 않아도 되지 않을까요?" 하며 곱지 않은 시선으로 쳐다본다. "예, 그렇지요. 그런데 과일 껍질이 썩으려면 시간도 걸리고 무엇보다 냄새가 납니다. 그리고 사람들이 다니는 길에 널려 있는 것은 산짐승들이 먹지 않아요."라고 대답한다. 산에 버리는 휴지나 과일 껍질은 시간이 지나면 분명 썩을 것이다. 그러나 그것들이 썩는 동안이 문제다. 휴지나 과일 껍질 버린 곳에 비닐이나 깡통, 병 등과 같이 썩지 않는 것도 버리는 것이 보통이다. 깨끗하게 청소된 곳보다 지저분한 곳에 쓰레기를 버리기가 쉽기 때문이다.

아내는 지금도 다른 사람이 하지 않는 짓을 해서 남의 시선을 끈다고 싫어하는 눈치지만 모르는 척한다. 어떤 대가를 바라서 하는 일도 아니다. 작은 일로 복을 바라서 하는 일은 더욱 아니다. 내가 3년째 하는 일이 남에게 좋은 것이면 그만이다. 산에 올라가는 짧은 시간만이라도 좋은 일 해 보고 싶을 뿐이다. 무수하게 버려져 있는 쓰레기 한 봉지 주워오면서 스스로 마음을 다스리고, 더불어 이 산이 깨끗해졌으면 좋겠다. 또한, 내가 기도하는 어떤 절대자가 있어 하찮은 작은 일에도 '복이 있어라.' 축복해 준다면 참으로 고마운 일이다. 쓰레기 줍는 일이 사람들에게 어떻게 비치던 상관하지 않는다. 그냥 깨끗한 산길이 보기 좋아서 계속할 뿐이다.

✿ 2006. 04. ✿

산사에서

산길을 걸어서 올라간다. 동행도 없이 혼자서 그냥 터벅터벅 걸어간다. 할 일이 없어서, 심심해서 가는 산이 아니다. 오늘은 작정하고 평소에 내가 좋아하는 작은 절을 찾아가고 있다.

요즈음 절은 산중에도 있고, 시골 마을 한쪽에도 있고, 도심 한가운데에도 있다. 어느 절이 더 좋고 더 못함이야 없다. 나름대로 장단점長短点을 가지고 있겠으나, 내 취향에 맞는 절은 아무래도 산중에 있는 절이다. 절을 찾을라치면 차에서 내려서 한 십여 분 정도 걸어서 올라가는 절이 마음에 와 닿는다. 올라가면서 땀도 조금 흘려보는 것도 좋지만 걸어서 올라가는 동안 마음껏 사색할 수 있어 더욱 좋다.

절이란 본래 부처님을 모신 곳이다. 그러나 수십 년 넘게 찾아가는 절이지만 그곳에 계시는 부처님은 항상 똑같은 자세로 앉아 있다. 그렇게 많이 찾아가서 인사를 드리고 때로는 공양도 올려보지만 고맙다는 말은 고사하고 '오느라고 수고하셨네.'라고 인사 한번 건네는 법이 없다. 그렇지만, 오늘도 부처님 계시는 절을 찾아 산길을 걷고 있다. 그냥 절이 좋아서, 말 없는 부처님이 좋아서 찾아간다. 그리고 괴팍하지 않은 노스님이 빙그레 웃으시며 맞이하는 분위기가 좋아서 간다.

그 절에는 욕심이 없다. 법당에 앉으면 내려다보이는 마당은 꼭 큰사람 손바닥만 하다. 그것보다 더 클 이유도 없다. 신도가 많아서 큰 법회를 연 적도 없으니 그저 마당이라고 흉내를 내고 있을 뿐이다. 그마저 없으면 스님 심심소일로 수행 삼아 하루 한 번씩 정갈하게 마당 쓸 일마저 없어질까 봐 그렇게 있는 것 같다.

그리고 그 조그만 마당이 끝나는 지점에는 담장이 있다. 아무렇게나 흩어진 돌을 주워 모으고 흙을 버무려 둘러친 담이다. 그것도 하기 싫어 억지로 한 듯 겨우 어른 무릎 높이로 쌓아놓았다. 가난한 산중 절이라 밤에 도선생이 찾아들어도 가져갈 것이라고는 없는 살림이니 걱정할 것도 없다. 행여 산짐승이라도 들어올까 염려했음인가. 그도 아니면 안과 밖을 구분 지으려 했음인가. 산중에 홀로 있는 절이니 애써 안과 밖을 구분 지을 이유도 없겠으나 그마저 없으면 너무 허전할 것 같아 둘러쳐 놓은 담장이 마음에 와 닿는다.

그런 가난한 절 법당에 앉아 나지막한 담장 너머로 바라보는 산자락은 넉넉하다. 그 산자락에서 기웃대던 노루 한 마리가 제바람에 놀라 숭어뜀을 뛰며 달아나는 모습이 보인다. 아하! 그랬구나. 담장을 높게 둘러치지 않은 이유가 여기에 있었음을 왜 진작 알아차리지 못했을까. 담장이 높으면 저 아름다운 자연을 마음 놓고 언제라도 볼 수 없음을. 아마도 부처님 마음이 그러하리라. 내가 가진 것은 적을수록 좋고, 누구나 마음 놓고 가질 수 있는 것은 많을수록 좋다 함이 자연에서 들려주는 부처님의 법문인 것 같다.

나는 어떠했는가? 옛날에 어려웠던 시절에 비하면 가진 것이 너무 풍족함에도 무엇을 더 채우려고 매일 그렇게 아옹다옹하고 헐떡

거리며 살고 있지 않는가. 설령 여기에다 더 채운다 한들 무엇에 쓸 것인가.

인생은 채워가는 것이기도 하지만 비우는 과정이라는 노스님의 법문이 이제서야 이해가 되는 것 같다. 지혜와 지식은 채워가야 하지만, 욕심과 성냄과 자만심은 버려야 하는 것이란다. 환갑, 진갑 다 지나고 죽을 때가 되어서 철든다고, 나이 이순을 넘기면서 이제야 아주 평범한 진리를 깨닫게 되었다. 그래도 다행이다. 살아가야 할 날이 아직은 많이 남아 있는 것 같으니 이제라도 비우는 연습하며 살아야겠다. 그것이 쉽지는 않겠지만 '비움이 곧 채움'이란 진리를 여기 작은 산사에서 배웠으니, 어린 아이 걸음마 연습하듯 차근차근 연습하면서 남은 생을 살아가야겠다. 내게 꼭 필요한 것이 아니면 너무 욕심내지 말자. 그렇게 살자 다짐해 본다.

✿ 2006. 07. ✿

서당비

"할아버지! 할머니!" 하면서 손자 녀석들이 뛰어온다. 앞서서 뛰어오는 큰 녀석을 뒤따르는 작은 녀석이 기를 쓰며 달려온다. 행여 넘어져서 다칠세라, 얼른 다가가서 한 품에 껴안는다.

우리 부부는 손자, 손녀 복이 많다. 여덟 살 먹은 녀석들이 두 명, 일곱 살짜리가 두 명이다. 그러니까 아들과 딸 두 집안에서 일 년에 한 명씩 그것도 연년생으로 안겨주었다. 고만고만한 녀석들이 네 명이나 되니, 번갈아 오는 녀석들의 해맑은 웃음을 담은 모습이 귀엽고 사랑스럽다. 금요일 오후부터 녀석들이 기다려진다. 어쩌다 아무도 오지 않는 주말이면 허전한 기운이 집안에 감돈다. 자식 키울 때는 몰랐던 자식사랑이 손자들에게 고스란히 옮겨 앉았다.

우리 부부가 운영하는 팔공산 사랑채는 조용한 분위기가 절대적 요소이다. 도심을 떠나 조용한 곳을 찾아 휴식을 얻으려고 찾아오는 손님들이므로 조용하고 쾌적한 분위기가 최상의 조건이다. 그런데 주말에 손자들이 오면 갑자기 분위기가 소란스러워진다. 한편으로는 녀석들이 반갑기도 하지만, 또 한편으로는 손님들의 조용한 휴식에 방해가 될까 봐 조바심이 일어난다.

한창 장난을 칠 나이에 접어든 녀석들 때문에 난감할 때가 한두 번이 아니다. 귀엽다고 마냥 두고 볼 수도 없고, 그렇다고 오랜만에 찾아온 손자를 나무랄 수도 없는 지경이 되면 난감하기가 이를 데 없다. 옛말에 '손자를 귀여워하면 할아버지 상투 잡고 흔든다.' 했다. 장난이 심하다 싶으면 부득불 꾸지람을 주지만 그것도 잠시뿐이다. 할아버지의 영이 서지 않는 것이다. 이유야 간단하다. 항상 웃는 얼굴로 대해주는 할아버지, 할머니가 잠시 꾸지람을 한다고 무서울 턱이 없기 때문이다. 그러다 장난이 지나치다 싶으면 부득불 회초리를 들고 엄포를 놓지만, 녀석들에게는 약효가 먹혀들지 않는다.

우리 집에는 일 년 중 하루는 절대로 아이를 혼내거나 울려서는 안 되는 날이 있다. 증조부 제삿날이다. 우리 할아버지께서 양자로 입적하신 증조부이시다. 할아버지를 낳으신 증조부의 형님 되시는 할아버지께서는 슬하에 자손을 두지 못하셨다 한다. 그리고 두 형제분이 한집에서 같이 살았었다. 일찍이 우리 할아버지가 큰아버지에게로 양자로 들어가셨다. 할아버지가 어렸을 때 일이다. 아마 초가을쯤 되었던가. 없는 살림에 저녁 식사로 콩죽을 쑤어서 식힐 겸 오지그릇에 퍼 놓았다 한다. 사단은 여기에서 시작된다. 철없는 어린 할아버지가 그만 콩죽 퍼 놓은 오지그릇 위에 오줌을 누었다. 할머니께서 별다른 생각 없이 어린 아들의 볼기를 몇 차례 때리셨다. 이것을 보신 증조부 형님께서 크게 노하셨다. 그리고 그날 저녁을 잡수시지 않으시고 방에 들어가셔서 그 길로 병환이 깊어 돌아가셨다. 그 후로 양증조부 제삿날에는 아이를 절대로 혼내거나 울려서는 안 되는 가풍이 생겼다.

옛날 시장에서 질이 가장 좋은 빗자루를 '서당비'라고 했다. 서당에서 만들어 파는 싸리 빗자루를 말한다. 서당에 자식을 맡긴 부모가 한 달에 한 번씩 산에 가서 싸리를 한 움큼 베어 서당에 보냈다 한다.

"선생님, 이 회초리가 닳아 없어지도록 아이를 쳐서라도 인간이 되도록 해 주십시오." 이렇게 모인 싸리가 모여서 가리가 될 정도이니 남은 싸리로 빗자루를 만들어 팔게 된 것이다.

옛 어른들 말씀에 귀여운 자식일수록 엄하게 키우라고 했다. 자식을 키우면서 매 한 번 들지 않고 키우는 사람은 없을 것이다. 미워서가 아니라 옆길로 엇나가는 자식을 바로잡기 위한 사랑이 담긴 매질이다. 산 가까이 있으므로 지천으로 널린 것이 싸리이니 질 좋은 놈으로 몇 개 꺾어다 놓아야겠다. 자라나면서 자아가 형성되어 가는 녀석들에게 싸리 회초리라도 들어야 할 것 같다. 매 맞는 당장이야 야속할지 모르겠으나 성장하고 나면 할아버지의 심정을 알게 될 날도 오겠지.

✿ 2009. 09. ✿

입학식

3월 첫째 주 월요일이다. 봄이 왔다지만 아직은 아침저녁으로 쌀쌀한 기운이 옷깃을 여미게 한다. 그래도 오래지 않아 개나리꽃과 진달래꽃이 팔공산에도 곱게 피어날 것이다.

남들보다는 조금 빠르다 싶게 손자를 보았다. 손자 복이 많아서인지 딸과 며느리가 같은 해에 출산하더니 이어서 다음 해에도 또한 명씩 출산을 하였다. 한 집 연년생도 무섭다 하는데 친손자와 외손자가 연년생으로 연거푸 태어났으니 손자 복이 많은 것임에는 틀림이 없다.

오늘은 초등학교 입학식이 있는 날이다. 친손녀와 외손자가 동갑내기라서 오늘 같은 시간에 입학식을 치르게 되었다. 이런 날이 오면 난감할 때가 한두 번이 아니다. 친손자, 외손자들이 고만고만하게 네 명이 자라고 있으니 여간 신경을 쓰지 않으면 낭패를 당하는 경우가 종종 있게 된다. 친손녀와 외손자가 같은 시간에 입학식을 치르게 되니 어느 쪽에 가서 축하해 주어야 할지 난감해진다. 다행히도 눈치 빠른 딸이 먼저 제 아비의 속내를 알고 손녀 입학식에 가라고 귀띔을 해 주어 홀가분한 마음으로 다녀왔다.

연년생이다 보니 유치원 입학식과 졸업식 때도 그랬다. 또한, 손자 녀석들 넷이 유치원에서 재롱잔치가 열리는 날이면 항상 긴장하게 된다. 오늘과 같이 날짜와 시간이 겹치지는 않는다 하더라도 하다못해 축하 꽃다발 하나라도 똑같이 해 주어야 한다.

보통 사람들 같으면 이런 일은 아내의 몫이다. 그러나 우리는 좀 사정이 다르다. 아내가 사업장을 운영하여야 하고 게다가 운전이 아주 서툴러 시내까지 나가지 못한다. '꿩 대신 닭'이라고 당연히 아이들 행사에 내가 참석하게 된다. 때마다 아내의 조언을 듣기는 하지만 매번 여간 고민스러운 일이 아니다.

속담에 '방아공이만도 못한 외손자'라는 말이 있긴 하지만 요즈음 세상에 가당치도 않은 말이다. 친손자, 외손자 가릴 것 없이 모두가 하나같이 귀엽고 사랑스러울 뿐이다. 딸이 귀한 집안에 하나뿐인 손녀 녀석은 새침하고 재롱 덩이라서 귀엽다. 영리하고 두뇌 회전이 빠른 녀석은 의젓한 행동이 믿음직스럽고, 사내다운 씩씩함과 소심함을 같이 가지고 있는 놈은 항상 우리의 희망이다. 그중에 막내 녀석은 또 어떤가. 막내둥이답게 어리광도 심하고 장난꾸러기이지만 때로는 엉뚱한 말투와 행동으로 우리를 기쁘게 한다.

사람이 나이 들어서 가장 큰 행복은 자손들 잘 자라고 성공하는 것을 보는 낙이라고 한다. 남보다는 조금 이른 나이에 아들, 딸 남매를 일찍 출가시켜 가정을 꾸려주었더니, 밤톨 같은 손자 녀석들 때문에 한시름을 놓기도 하고, 행복한 고민에 빠지기도 한다. 내 나이 이순耳順을 넘긴 지 벌써 몇 해가 지났다. 이제 뭐 더 바랄 것이 있겠는가. 아직 정정하신 모습으로 증손자들 먹을거리 챙기기에 바쁘신 부모님 건강하시고, 무럭무럭 잘 자라고 있는 손자들 잘되기만을 기원하며, 녀석들 자라나는 모습을 지켜보는 것으로 또 다른 여생餘生의 낙으로 삼아야겠지.

✿ 2009. 03. ✿

5부

벽오동 심은 뜻을

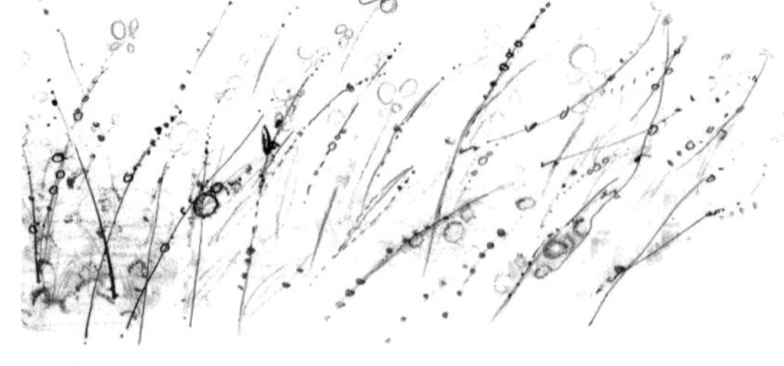

잡초

아침부터 구슬 같은 땀방울이 끊임없이 흐른다. 수없이 얼굴을 훔치며 밭고랑 사이를 헤치며 샅샅이 뽑아내고 있다. 이놈과의 전쟁은 끝이 없다. 봄부터 시작된 전쟁은 여름이 다 지나도 끝나지 않는다. 콩을 심어 놓은 콩밭에서도, 들깨 밭에서도, 일용할 푸성귀라도 얻겠다고 정성을 들이는 채소밭에서도 이놈과 한판 대결을 겨룬다.

이른 봄 씨앗을 뿌리기 전에 제초제를 뿌리고 씨앗을 파종하지만, 그것도 잠시뿐이다. 키가 작아 땅에 딱 붙어 있는 놈도 있고 볼품없이 훌쩍 큰 놈, 토실토실한 놈, 비쩍 마른 놈에 모양도 가지가지이다. 경쟁이라도 하듯이 고개를 내밀고 돋아나온 놈들이 온 밭을 차지하다시피 하고 있다. 이놈들의 생명력은 참으로 대단하다. 곡식으로 심어 놓은 식물은 그렇게 돌보고 정성을 들여도 잘 자라지 않는데, 잡초는 성장 속도가 매우 빠르니 조금만 지나면 이놈들 천지가 된다. 도저히 감당이 안 된다. 뽑아내지 않고는 도저히 감당할 수가 없다. 손으로도 뽑고, 호미로도 뽑고, 그래도 안 되면 작은 괭이 같은 연장으로 긁어내기도 한다. 이쪽을 다 뽑았다 싶어 한숨 돌리고 저쪽 밭으로 옮겨 앉아 잡초 뽑는 일에 열중하다 보면, 며칠 지나지도 않은 것 같은데 어느새 또 지나온 밭에서 뾰족하게 돋아나고 있다. 이놈들도 오래지 않아 또 성큼 자라나서 곡식이 자라나는 자리를 넘보고 있을 것이다.

잡초의 사전적 의미는 '잡풀, 저절로 나서 자라는 여러 가지 풀'이라고 되어 있다. 사람들은 자기가 필요로 하지 않는 잡풀을 통틀어서 잡초라는 한마디로 정의해버린다. 이름이 없어서 잡초인가. 애써 구별할 필요가 없어서 그냥 잡초라는 이름으로 통틀어 부르고 있는가. 따지고 보면 잡초라고 부르며 뽑아내는 식물 중에 사람에게 유익한 식물도 많이 있다. 그 대표적인 식물로 쑥, 씀바귀, 냉이, 비름, 익모초 같은 것들이다. 그들도 때로는 우리에게 유용한 식물로 쓰이지만, 지천으로 널린 것이고, 사람들이 재배하여 식용으로 사용하는 식물 사이에 제멋대로 자라남으로 단지 잡초라는 성가시고 하찮은 식물로 대접을 받으며 무참히 죽어간다.

농부들의 마음을 이제야 이해할 것 같다. 봄부터 김매는 일의 연속이 농사의 전부라고 해도 과언이 아니다. 요즈음은 농약의 발달로 잡초를 죽이는 약도 개발되었다지만 자칫 잘못 사용하면 곡식에도 피해가 갈 수 있다. 그래서 손으로 뽑고 호미로 김을 매는 것이 농사일 대부분을 차지하고 있다.

검은 콩, 들깨 몇 되에 갖가지 채소가 일 년 동안 노력의 대가로 얻어질 것이라는 희망에 이른 아침부터 구슬땀을 흘리며 잡초를 뽑는 손길이 가볍다. 내 손으로 정성껏 김매고 가꾸어 수시로 뜯어먹고, 남은 것은 가을에 추수하고……. 이렇게 얻은 곡식이 우리 가족의 양식이 될 것이라는 기대감이 더 큰 것 같다. 그냥 하늘만 쳐다보고 공상에 젖는 것보다는 땀 흘리는 노동으로 세월을 보내는 팔공산 산속 생활의 재미에 점점 빠져 들어가고 있다.

이름을 세상에 알리지 않으면서 묵묵히 자기의 생업에 종사하며 살아가는 사람을 흔히 민초라고 부른다. 시골의 궁핍한 땅을 일구며 살아가는 사람들이나, 도시의 영세한 서민을 아울러 부르는 대명사로 조금은 촌스러운 느낌이 드는 말이다. 잡초와 민초가 주는 어감은 조금 다르다 하더라도 이름도 없이, 남의 도움을 받지 않고 스스로의 힘으로 살아가는 모습이 너무도 흡사하다. 가진 재산이 적어서, 사회적 지위가 밑바닥 층이어서, 힘이 없어서 민초라는 이름으로 불리며 살아가는 군상들이다. 가진 것이 없고 힘이 없기에 얼마나 많은 고통을 감내하며 살아야 했던가.

한때 절대 권력자가 지배하고 있던 시대가 있었다. 그들은 자기의 비위에 맞지 않는다고, 또한 정권의 연장 수단으로 힘없는 민초들을 억압하고 심지어 목숨까지 잃게 한 적이 있었다. 그때 우리 민초들은 절대 권력자를 향해 감히 반항은커녕 눈 한번 치켜뜨지 못했다. 권력자가 시키는 대로 살아야 했으며, 그들의 비위에 맞추어 살아야 했다. 죽으라면 죽는 시늉이라도 해야 했고, 살라고 하면 구차하게 목숨을 연장해야 했다. 그러다 끝내 참을 수 없는 고통이 찾아오면 큰 힘으로 뭉쳐 저항도 했다. 마침내 새로운 세상을 열었지만, 그 세상 역시 민초들의 편이 되기에는 너무도 많은 시간이 흘러야 했다.

잡초를 뽑으면서도 생각해 보면 그들에게 한없이 미안하다. 사람들의 기준에 의하여, 편익증진을 위하여 잡초라는 이름 아래 무자비하게 뽑히고 밟히지만, 잡초의 처지에서 보면 참으로 억울한 일일 것이다. 모든 생명체는 당연히 이 땅이 필요해서 생겨났을 것인데, 단지 사람들의 기준에 의하여, 또한 편익증진을 위하여 무자비하게 죽어가야 한다. 아마 잡초에게 입이 있다면 어떤 말로 사람들을 나무라고 꾸짖을까?

어쩌랴. 약육강식의 원리로 살아가게 되어 있는 것이 세상의 이치이고 순리이다. 저 넓은 들판을 다 놓아두고 어쩌다 내 집 앞 손바닥 크기의 채소밭에 떨어져 터를 잡은 너희의 운명을 원망해야 하는 것을……. 그렇다고 하루가 멀다고 뽑아내어 말려서 죽이는 잡초의 영혼을 달래는 진혼제라도 올릴 수는 없으니, 운명인 양 체념하며 잘 가거라. 잡초의 영혼들이여!

✿ 2009. 10. ✿

전원일기

가을이다. 매년 똑같이 때맞추어 찾아오는 가을이다. 부질없는 욕심이라고는 티끌만큼도 없을 것 같은 투명한 하늘이 손이 시리도록 눈부시다. 산자락 아래 동네 빨갛게 물든 감나무가 정겹기만 하다. 팔공산八空山 자락에 작은 사랑채 하나 마련하고 은둔한 지도 햇수로 삼 년이 된다. 이곳에 살면서 많은 것을 배우고 새로운 것을 알게 되었다. 자연이 가져다주는 무궁무진한 변화에 신기할 뿐이다.

흔히 사람들은 사계절 중 어느 계절을 제일 좋아하느냐고 묻곤 한다. 그러면 가을이라고 답하는 사람이 많다. 가만히 생각해 보면 딱히 어느 계절이 더 좋을 이유가 없다는 것을 팔공산에서 배웠다. 새싹이 돋아나고 꽃피는 봄은 희망가가 있어 좋다. 녹음방초 우거진 골에 매미 소리 정겨운 여름은 여름이라서 좋다. 온 산과 들판이 새색시같이 곱게 분단장한 가을은 남자의 계절이라 그런가. 풍성한 결실이 있어서 그냥 좋을 뿐이다. 흰 눈이 축복인 양 소복이 내리면 군고구마 구워먹으며 잠시 쉬어가는 계절이라서 좋다. 모든 계절이 제 나름대로 아름다움과 맛을 간직한 채 우리 곁으로 왔다가 사라진다. 그중에서도 화려하고 아름다운 가을이 한층 운치를 돋구어준다.

자연이 때로는 심술을 부리기도 하지만 그것은 철없이 제 욕심만 채우려는 인간들의 속성을 경책하기 위함일 터이다. 자연은 계절 따라 변화하면서 항상 우리 곁에 있는, 그러나 언제나 같은 모양이 아닌 다양한 변화를 보여주고 있다. 끊임없이 순환하지만 똑같은 모습이 한 번도 없다. 해마다 꽃과 나무가 나고 자라남이 다르고, 비와 눈이 내리는 모습이 매번 다르며 바람의 흔들림이 다르다. '자연이 부르지 않아도 다가와 벗이 되어주고 말이 없지만 더불어 함께한다.(不請友 無言伴)'란 말이 가슴을 저민다. 이런 자연 속에 깊이 은둔하면서 말없이 살고 있어 참으로 행복하다.

햇살 고운 오전, 간밤 내린 이슬이 다 마르고 난 한낮에 타작마당을 펼쳤다. 고소하면서도 비릿한 들깨 냄새가 후각신경을 강하게 자극한다. 희고 매끈한 들깨가 타작마당의 신식 비닐 멍석 위로 우수수우수수 쏟아진다. 오래지 않아 소복소복 쌓이는 수확물이 가슴을 뿌듯하게 한다. 들깨만이 아니다. 까맣게 윤이 나는 검은 콩도 두어 되 타작하였다. 선홍빛에 윤기가 도는 마른 고추도 십여 근 넘게 말려놓았다. 아직은 수확 철이 아닌 배추, 무도 싱싱하게 잘 자라고 있다. 지난 봄 짬짬이 시간을 내어 뿌려놓은 것들이다. 처음에는 무료한 시간을 보내기 위한 소일거리로 시작한 농사였다.

틈틈이 사랑채 옆 유휴지 산자락을 삽 하나 괭이 하나로 일구어 화전민처럼 밭을 만들기 시작했다. 첫해에는 채소 몇 포기 심어 뜯어먹는 것이 고작이었다. 날을 거듭하고 해가 지날수록 규모는 점점 커졌다. 삼 년을 보낸 지금은 제법 그럴듯한 백여 평 정도의 밭이 되었다. 거기에 배추, 무, 고추 등 채소는 아는 대로, 남이 하는 대로 철 따라 갖추어 뿌려놓았다. 그것으로는 양이 차지 않아 올해부터는 검은 콩, 들깨, 옥수수까지 심어 수확의 즐거움을 맛본다.

젊은 시절, 말로만 듣고 동경해 왔던 전원생활이 이런 것이구나 하고 실감한다. 때로는 잡초란 놈과 한판 씨름을 하고 나면, 어쩔 수 없이 해충과의 지독한 한판 드잡이질도 하지만 그것 역시 해 볼 만한 싸움이다. 처음에는 손에 물집이 잡힐 정도로 힘들었으나 이제는 그런대로 연장도 제법 갖추고 몸에도 익숙해져 이골이 났다. 지금 생활이 마냥 좋다.

'나물 먹고 물을 마시고 팔을 베고 누웠으니 대장부 살림살이 이만하면은 만족하지.'라는 민요의 노랫말이 불현듯 생각난다. 비록 많은 양은 아니지만 내 손으로 정성껏 가꾸고, 알뜰하게 거두어들여 나와 아내가 한겨울 먹고 살만큼만 남겨 놓고, 남는 것은 곱게 싸서 사랑하는 딸, 며느리에게 자랑삼아 나누어 주기도 해야겠다. 누가 이런 행복을 시샘이나 하지 않을까. 자연 속에서 누리는 이런 행복함을 선인先人들은 일러 '자연 속에 사는 즐거움을 삼공三公(領議政, 左議政, 右議政)의 벼슬과도 바꿀 수 없는 즐거움(不換三公之樂)'이라고 했나 보다. 그래. 나는 지금 삼공 벼슬을 준다 해도 바꿀 수 없는 자연 속의 한없는 행복함에 마냥 젖어 있다.

이제 남은 인생길도 영원토록 오래지는 않을 터이니 팔공산 정기를 듬뿍 받아 나와 아내가 건강하기만을 빌며, 조용히 이곳에 행복하게 살고 싶다. 번잡한 일도 없을 초로初老 인생의 여유로움과 즐거움을 온통 자연에 맡기고 유유자적하며 살고 싶다. 어젯밤 아내가 쑤어준 도토리묵 냄새가 아직도 코끝에 아련하게 남아 맴돈다.

✿ 2008. 10. ✿

벽오동 심은 뜻은

팔공산 자락에 사랑채를 열고 산 지도 벌써 3년이 지났다. 아내는 계단 청소를 한다고 수돗가에서 대걸레를 빨고 있다. 이마에 땀방울이 송골송골 맺혀 있다. 매일같이 반복되는 일이다.

3년 전 이곳에 들어왔을 때 시선을 끄는 조형물이 있었다. 주차장 모퉁이에 길게 자리 잡은 화단이다. 몇 사람을 거쳐 내 손에 건너온 건물이므로 누가 만들었는지는 확실하지 않다. 넓은 주차장이 너무 평범하다 싶어서인지도 모르겠다. 바닥에서 1미터 정도 높이로 흙을 퍼다 쌓고, 주위는 큰 장식 돌로 마감하였다. 영산홍 몇 그루와 보잘것없는 야생화 몇 포기가 전부인 화단 한쪽 귀퉁이에 벽오동 나무 한 그루가 생뚱맞게 자리를 잡고 서 있다. 게다가 그 옆으로는 콘크리트로 된 지하수 펌프 맨홀이 자리 잡고 있어 옹색한 틈을 비집고 초라하게 나무가 서 있다.

처음 벽오동 나무를 심은 사람의 속뜻이 봉황이라도 보고자 했음인지 모르겠지만, 화단 한 귀퉁이에 심어져 있는 나무는 아무리 보아도 주위와 조화를 이루지 못하고 있다. 게다가 적지 않은 몸집으로 좁은 공간에 뿌리를 박고 서 있는 모습이 답답하기만 하다. 항상 생기가 없어 보인다. 생명의 힘이란 그렇게도 강인한 것인가. 용

케도 죽지 않고 잘 견디며 모진 목숨을 이어가고 있다. 봄만 되면 녀석은 다른 식물보다 좀 늦다 싶게 새 잎을 피운다. 한여름 뙤약볕이 기승을 부리기라도 하면 곧 죽을 듯이 잎이 시들다가도 밤이 되면 다시 생기를 찾는다. 또 가을이 되면 남보다 먼저 단풍이 들고 커다란 낙엽을 떨어뜨리고 겨울을 맞는다.

벽오동 나무를 볼 때마다 조금만 더 깊이 생각하여 처음부터 넓고 여유로운 곳에 심었으면 좋지 않았을까 하는 생각이 든다. 하필이면 저 좁은 공간에 벽오동 나무를 심어 놓았을까? 처음 심었을 때는 아마 작은 나무였겠지. 세월의 흔적만큼이나 자라 버렸다. 지금 옮기기에는 몸집이 너무 커져 버렸고, 다른 곳으로 옮겨 심으려다 잘못하면 나무를 죽일지도 모른다는 생각에 엄두를 내지 못하고 있다.

아내가 벽오동 나무를 참 많이도 닮았다는 생각이 든다. 스물두 살 어린 나이에 대가족 장남을 신랑으로 만나 30년도 넘게 살아왔다. 단칸방에 가난으로 찌든 집의 시집살이였다. 게다가 성격은 급하고, 일 저지르는 데는 이등 가라면 서러워할 남편. 끼어들기 좋아하고 남 앞에 나서기 좋아하는 사람 뒤치다꺼리하면서도 말없이 살아왔다. 그것뿐만이 아니다. 부전자전이라고 성격마저 남편과 똑같은 시아버지에, 자상함마저 병이 되어 돌아오는 시어머니를 때맞추어 불평하지 않고 봉양했다. 적잖은 시동생, 시누이도 이런저런 일로 마음 쓰이게 하는 집안이다. 어린 나이에 직장생활을 하면서도 빼놓을 수 없는 가정사였다.

쉰 살을 훨씬 지나 이제는 편히 쉴 나이이다. 지금보다 나이가 더 들어 자식에게 신세를 지지 않겠다고 저 고생을 한다. 멀지 않아 남의 나이를 살아야 할 아내의 수고를 당장에라도 들어주고 싶지만 마땅한 대안이 없으니 곁에서 지켜보는 내 마음이 바늘방석이다. 하루 이틀도 아니고 매일 반복되는 고된 일에 때로는 짜증도 부리지만 그 순간이 지나고 나면 그만인 아내다. 어젯밤에도 발목이 쑤신다며 파스를 붙이며 통 잠을 이루지 못하는 모습에 나도 깊은 잠을 청하지 못한다. 하루에도 수십 번씩 계단을 오르내리는 일이 무리인 것 같다. 날이 밝으니 또 계단 청소를 한다고 저렇게 걸레질을 하고 있다.

참 고운 모습이었다. 스물두 살, 꽃도 채 피기 전에 나를 만나 결혼하였다. 이것도 운명인가. 만일 내가 아닌 다른 사람 만났더라면 어떻게 되었을까? 아마 지금쯤 고운 얼굴에 화사한 웃음꽃을 피운 중년의 부인으로 살고 있을지도 모른다는 생각에 미안한 마음이 문득 스친다.

슬쩍 곁으로 다가가서 아내의 대걸레를 빼앗아 든다. "웬일이우? 안 하든 짓 하면 오래 못산다던데." 말은 그렇게 하면서도 눈길이 한결 부드러워진다. 진작 남자의 힘으로 하면 될 일을 웬 뒷북이냐는 눈치이다. 모른 체하며 빨아놓은 걸레를 들고 집안으로 향하는 내 뒤를 아내가 따라온다. 아무래도 건성으로 대충대충 할까 봐 또 걱정인 모양이다.

사람은 나이가 들어가면서 택호宅號를 가진다. 택호는 통상 마을의 이웃 사람들이 지어주는 것이 보통이다. 그러나 외딴 산협 골짜기에 살고 있으니 택호를 지어줄 마땅한 이웃도 없다. 나 스스로 우리 부부의 택호를 만들고 싶다. 외롭고 힘에 겨운 삶을 살고 있는 모습이 벽오동 나무와 흡사하게 닮았으니 '오동 댁'이라고 부르면 어떨까?

뜰 앞 화단 벽오동 나무에 바람이 지나가는지 '쏴'하는 소리가 들려온다.

✿ 2009. 05. ✿

눈 내리는 날 아침

설 명절을 지난 지가 엊그제인데, 예고 없는 함박눈이 목화꽃처럼 분분히 날리며 내린다. 눈이 귀한 지역에 사는 우리에게는 모처럼 내리는 탐스러운 흰 눈이 반갑기만 하다.

팔공산 어느 골짜기 조용한 사랑채에서 눈을 바라보고 있다. 젊은 시절 분주했던 직장생활을 마치고 노후대책으로 장만한 것이 작은 사랑채이다. 고달픈 인생 항로를 걸어가는 나그네, 그리고 잠시 쉬어갈 곳이 필요한 연인들, 그들이 하룻밤 다리 뻗고 편히 묵어갈 수 있도록 마련된 작은 공간이다.

나도 한때 젊은 시절에는 하고 싶은 일도 많았고 욕심도 많았었다. 그러나 '벌써'라는 단어 앞에 이순耳順의 나이이다. 이제 공짜 인생을 살면서 가끔 지난날을 되돌아본다. 그 속에는 열정과 욕심으로 본의 아니게 얼룩진 삶의 발자취가 있었다. 그렇다고 다시 돌이킬 수도 없는 시간들이다. 살아갈 날이 살아온 날보다 훨씬 적게 남았으니 지금부터라도 욕심 없이 조용히 살고 싶어 팔공산 자락에 안기어 산다. 어디 인생이 욕심 부린다고 다 이루어졌던가.

바람 불면 나뭇가지 춤사위 구경하고, 비 오면 개구리 뛰어나오는 모습 반기며, 눈 오는 날은 하늘의 축복인 양 감사한 마음으로 살고 싶다. 오늘도 축복하는 춤사위로 하얀 눈이 가슴 가득히 내린다.

KBS대구방송국 제2라디오 '김영숙의 가요앨범'에 방송(2008. 2. 24.)

✿ 2008. 02. ✿

추억의 감꽃

그대 감꽃을 본 적이 있는가. 감꽃은 참한 새색시를 닮았다.

감꽃은 감나무에 피는 꽃을 말한다. 나이 지긋하여 팔공산 언저리에서 본 감꽃은 잊었던 고향을 생각하게 하였다. 어느 날 갑자기 눈앞에 다가온 연노랑 색으로 감나무 겨드랑이에 살포시 숨어 있는 감꽃이 무척이나 반가웠다.

늦은 봄도 다 지나고 여름이 시작되려는 5월쯤, 감꽃은 고운 자태를 드러낸다. 참으로 게으른 놈이다. 진달래, 살구꽃, 복사꽃 슬픈 눈물을 안고 떨어져 지고 나면, 갓 시집 온 수줍은 새색시처럼 결코 화려하지 않은 연노랑 색의 고운 빛 애써 감추고 감나무 이파리 뒤에 숨어서 핀다. 이때쯤이면 지천으로 찔레순도 익어가고 아카시아 꽃, 오디, 버찌, 앵두도 자랑이 한창이다.

내 고향 상주는 감나무가 많은 고장이다. 지천으로 널린 것이 감나무인데도 감꽃이 하나, 둘 떨어지기 시작하면 누가 먼저랄 것도 없이 감꽃을 줍기 위해 동네가 분주해진다. 새벽 물안개 곱게 피어오르는 아침이면 동네 꼬마들은 감나무 밑으로 달려간다. 밤새 감나무에서 떨어진 것을 하나라도 더 줍기 위한 경쟁이 이때부터 시작된다. 욕심 많은 친구는 성급하게 감나무에 아직 붙어 있는 감꽃을 따보려고도 하지만 감나무에 달려 있는 놈은 잘 따지지가 않는다. 설령 어쩌다 딴다 하더라도 모양이 깨어지고 일그러져 볼품이 없어진다. 그래서 땅에 떨어진 놈을 애써 골라 줍는다.

감꽃을 주우면 으레 지푸라기나 튼실한 실에 꿰어 주렁주렁 목에 걸고 개선장군처럼 의기양양해하며 집으로 돌아온다. 어린 시절 주워온 감꽃은 딱히 어디 쓸 데가 없는데도 매일 아침이면 감꽃을 주우려고 들로 밭으로 헤맨다. 그저 주워오는 것이 목적일 뿐이었다. 어느 날인가부터는 주워온 감꽃을 깨끗하게 손질된 장독대 위에다 널어놓고 말리기 시작했다. 말린 감꽃을 가지고 소꿉장난할 때 양식 대용으로 쓰기도 하였다.

주전부리가 없었던 시절, 감꽃을 주워오면서 하나, 둘 입에 넣고 먹는 맛은 떨떠름하기도 하지만 곱씹으면 달착지근한 맛이 우러난다. 잘 말린 감꽃은 단맛이 더 강하게 풍겨 나온다. 주워온 감꽃이 정갈하게 마르면 어머니는 바구니에 가득 갈무리해 두신다. 그러다 동네에서 친구들과 신나게 놀다 집으로 돌아가면 고운 쌀가루에 감꽃을 듬성듬성 섞어 백설기 떡 한 시루를 쪄 놓으셨다. 그렇게 쪄 놓은 백설기 맛은 천하 별미 중의 별미였었다. 누구나 할 것 없이 양식 걱정을 해야 하던 어렵던 시절, 매번 누리는 호사도 아니었다. 어쩌다 일 년에 한 번 정도 누리는 호강이었다. 위로 형과 아래로 동생 둘 일찍 잃어버리고 겨우 건진, 하나 남은 외자식 귀여운 마음에 아무리 봄 양식이 어려워도 감꽃 떡을 만들어 주시던 어머니는 이제 연로하시어 기억이 아득하시다.

찔레순도 오디도 버찌도 요즈음 아이들은 모르고 산다. 먹을거리가 그만큼 풍부해졌다는 것은 분명히 좋은 일이긴 하지만, 쌉싸름

한 감꽃 떡의 맛은 어려운 시절을 보낸 우리 중년 늙은이들에게는 또 다른 추억으로 남는다.

감꽃의 꽃말이 '잘 다녀오세요.'라는 것을 한참 나이가 들어서 알았지만, 감꽃을 주워 목에 걸고 다니던 시절, 하얀 손이 고운 순이가 있었다. 감꽃을 같이 줍던 순이는 지금 어디에서 무엇을 하고 있을까. 감꽃 주워 신랑 각시 소꿉장난하던 풋살구 빛 같은 순이 생각이 감꽃 향기 속에 아련히 묻어온다.

2008. 12. 대구의 수필

2008. 07.

낙엽 단상

'시몬, 나뭇잎새 져버린 숲으로 가자. 낙엽은 이끼와 돌과 오솔길을 덮고 있다. 시몬, 너는 좋으냐? 낙엽 밟는 소리가…….' 한때는 '구르몽'의 낙엽이라는 시에 푹 빠져 있었던 때가 있었다. 이때쯤 '고엽(Autumn leaves)'이라는 노래에도 취해 홀로 걷는 밤길이 외롭지 않았다.

낙엽이 지는 계절이다. 낙엽이라는 것이 나뭇잎이 수명을 다하면 떨어지는 자연의 현상일 뿐이다. 그래도 대다수 사람은 가을이 되어 떨어지는 낙엽을 보며 낭만을 말하고 우수에 젖는다. 한 잎씩 불규칙적으로 떨어져 간간이 흩날리는 낙엽도 좋다. 그러다 건들바람이라도 살짝 불어와 갑자기 우수수 떨어지는 모습은 참으로 매력적이다.

낙엽은 멀리서 볼 때면 매우 매력적이고 아름답다. 그러나 가까이에 떨어져 있는 낙엽을 주워 보면 대다수가 벌레 먹고 찢어진 상처투성이가 많다. 은행잎과 같이 독성이 있는 낙엽은 벌레 자국이 적은 편이지만 대다수의 낙엽을 자세히 들여다보면 상처투성이다. 한여름 그 극성스러웠던 태양에 지쳐 멍들고 찢어졌는가. 아니면 열매라는 한해의 결실을 보기 위해 고생한 흔적인가.

처음 팔공산에 둥지를 정할 때는 녹음이 짙푸르던 한여름이었다. 싱그럽고 무성한 나뭇잎에서 뿜어져 나오는 향기에 취해 힘든 줄도 모르고 일했다. 시원한 나무그늘이 좋아 한참씩 그 밑에 앉아 몸과 마음의 피로를 풀기도 했었다. 거기에 극성스러울 정도로 울어대는 매미 소리까지 낭만도 있었다. 벌써 이만큼 세월이 흘렀던가. 끝없이 떨어지는 낙엽들이 조금은 지치게 한다.

아주 넓고 큰 공간은 아니지만, 여염집보다는 훨씬 큰 정원과 주차장에 떨어지는 낙엽이 나를 편히 쉬게 하지 않는다. 매일 아침 남보다 먼저 기상하여 대빗자루를 들고 정원으로 나선다. 간밤에 바람 한 점 없었는데도 떨어진 낙엽이 지천이다. 좋게 한 시간은 또 낙엽과의 전쟁이라도 치러야 한다. 채가 긴 대빗자루로 정성들여 쓸고 이것들을 모아 후미진 한쪽에 버린다.

어느 산사 수련회에서 인심 넉넉해 보이는 스님이 티끌 한 점 없는 법당 마당을 매일 쓰시는 모습을 본 적이 있다. 커다란 대나무비로 힘들이지 않고 천천히 휘적휘적 마당을 쓸고 계시는 모습이 신선 같이 보였다. 더러워지지도 않은, 그래서 안 쓸어도 괜찮겠다 싶은 법당 마당을 매일 똑같이 청소하고 계시는 노스님은 "이것도 다 수행입니다."라고 하신다.

오늘 아침에도 낙엽 치우는 일로 적잖은 시간을 보냈다. 그래, 나에게 부족한 인격을 수양하라고 이 일을 맡겨 주었나 보다 하고 애써 위안으로 삼는다. 그렇지만 내일 아침에도 불평 없이 이 일을 할 수 있을지 모르겠다. 마음 한번 곱게 가졌다고 다 부처 되고 신선 되는 것은 아니리라. 나에게 주어진 이 일이 언제까지일지는 알 수 없지만 지금 이 순간에 온갖 노력을 해 보자고 마음 다져본다.

불평하고 짜증 부린다고 누가 대신해 주지도 않을, 내가 좋아 선택한 일이다. 언제 해도 내가 감당해야 할 일이라면 수행하는 마음가짐으로 즐기며 하고 싶다. 낙엽이 무슨 죄가 있겠는가. 인연 따라 여기까지 흘러와서 이 일을 하고 있음을 원망하지 않으며 살고 싶다. 아무리 의학 발달로 인간의 수명이 길어졌다지만 앞으로 살아갈 날이 살아온 날의 절반도 남지 않은 인생, 흰머리 희끗희끗한 모습에 노추老醜를 보이며 살고 싶지 않다. 낙엽이 곱게 떨어지는 맑은 가을날 나를 기억하고 찾아오는 친한 벗과 비록 박주산채薄酒山菜일망정 따뜻한 정을 나누며 살고 싶다.

✿ 2006. 10. ✿

나무

기분이 참 좋은 날이다. 근래에 들어 가장 귀하고 소중한 선물을 받았기 때문이다. 그 선물이라는 것이 한 권의 책이다. 우연찮은 인연으로 어느 교수로부터 받은 것이다. 책을 선물로 주고받는 일이야 수필문학에 입문하고부터는 가끔 있어온 일이지만 이번엔 확실히 다르다.

책 제목은 『아름다운 우리 수필』이다. 처음 그 책을 선물 받았을 때는 스승과 제자 사이에서 오고가는 정으로 고맙다는 생각만 있었다. 유명한 명사님들의 수필을 한 곳에 모아놓은 책이다. 그런데 책을 읽는 순간 눈이 확 열린다. 그 중에서도 두 번째 작품으로 올려져 있는 이양하님의 〈나무〉라는 작품이 나의 시선을 오랫동안 놓아주지 않는다.

'나무는 덕을 지녔다. 나무는 주어진 분수에 만족할 줄을 안다. 나무로 태어난 것을 탓하지 아니하고, 왜 여기 놓이고 저기 놓이지 않았을까를 말하지 아니한다. 등성에 서면 햇살이 따사로울까, 골짜기에 내려서면 물이 좋을까 하여, 새로운 자리를 엿보는 일도 없다. 물과 흙과 태양의 아들로 물과 흙과 태양이 주는 대로 받고, 득박得

薄과 불만족을 말하지 아니한다. 이웃 친구의 처지에 눈떠보는 일도 없다. 소나무는 소나무대로 스스로 만족하고, 진달래는 진달래대로 스스로 족하다.'라는 구절이 가슴속 깊이 들어와 박힌다.

어쩌면 내 처지와 이렇게 닮은 글을 만날 수 있을까? 사실이지 나는 때로 나의 처지를 원망하며 살아온 날이 적지 않았다. 이순의 나이가 되도록 앞만 보고 달려오면서 때로는 좌절하기도 하고 서글프기도 했었다. 그렇다면 나와 우리 부부의 나무 자리는 어디쯤이었을까?

흔히 쓰는 옛말에 '가지 많은 나무에 바람 잘 날 없다.'했다. 위로는 성정 괄괄하시고 씀씀이가 좀 크다 싶은 아버지를 위시한 부모님 모시고, 아래로 세 동생 거느리고 살았다. 거기에다 당연히 아내와 자식 둘도 있었으니 대가족이다. 처음에는 좋은 직장이라고 부러움 속에 공무원 생활을 하였지만 공무원 월급쟁이가 갈급쟁이라고 항상 부족하고 모자랐다. 아내도 같이 맞벌이를 했지만 그래도 살림은 언제나 똑 같았다. 그래서 항상 불만이었고 때로는 나의 위치를 원망하면서 살아온 날도 많이 있었다.

아내는 어땠을까? 넉넉한 살림은 아니지만 그런대로 규모를 갖춘 집안에서 고이 자란 몸으로 어쩌다 나 같은 사람 만나 평생을 고생이다. 이제는 좀 편해질 나이도 되었으련만 모아둔 재산 넉넉하지 못하니 그것도 얼마 못 간다 싶어 결코 젊다 할 수 없는 나이에도 새로운 사업을 시작하여 생고생이다. 그래도 남자라고 밖으로 내색은 못하지만 항상 아내 앞에만 서면 목이 움츠러든다.

얼마 전에는 같은 직장에 근무했던 선배이자 소설가인 이모 씨를 만난 적이 있다. 그때 그는 문학공부에 도움이 될 것이라며 수필 한 편을 추천해 주셨다. 윤모촌尹牟邨 님의 〈오음실주인梧陰室主人〉

이라는 수필이다.

작가 윤모촌은 이 작품에서 우연히 그늘진 수돗가에 심어서 키워 온 오동나무를 보게 된다. 그 나무를 보면서 아내를 생각한다. 적수공권으로 살아가는 작가에게 시집와서 고생하면서도 군말 없이 잘 살아주고 있는 아내의 처지와 너무도 흡사하여 측은해 하는 것이다. 그러면서도 아내의 현덕賢德에 감사해 하고 있다.

그렇다. 나의 아내가 그렇다. 아내의 체구는 작은 편이다. 그 작은 체구 어디서 그런 힘이 솟는지 당차면서도 마음씀씀이가 넉넉하다. 그러나 한 편으로 생각하면 아내에게 미안하다. 왜 하필이면 나 같은 사람을 짝으로 만나 뉘엿뉘엿 해 저물녘이 되어가는 나이에도 저 고생을 하고 있을까. 그것도 다 인연의 업으로 살아가는 인생항로인가.

나무는 결코 자기가 서 있는 자리를 원망하지 않는다 했다. 만일 우리가 나무라면 아내와 나는 어떤 나무이고 그 자리는 어디쯤일까. 아무래도 좋다. 우리 부부도 어떤 큰 인연으로 이렇게 만나 그런대로 잘 살아 왔으니 이제부터라도 지금의 처지를 원망하며 살고 싶지 않다. 어느 누가 자기 가족을 고대광실에 앉혀놓고 호강시키며 살고 싶지 않겠는가. 그런대로 절약하고 근면하게 살아온 덕인가. 아직은 그런대로 재산이 많지는 않아도 조금은 여유가 있다. 초가삼간 누옥에서 폐포파립에 죽장망혜의 신세로 살아가야 하는 처지는 더욱 아니다. 그러니 남에게 아쉬운 소리 할 필요도 없다. 지금까지도 그랬지만 남은 인생 힘닿는 데까지 열심히 절약하고 근면하면서 새로 시작한 사업에 최선을 다하며 살고 싶다. 그리하여 이 몸 안에 붉은 피 흘러 온기가 남아 있을 때까지, 아니 천수를 다하여 이승에서의 인연을 곱게 마칠 때까지 아내에게 고마워하고, 아껴주며, 사랑해 주는 것으로 무언의 빚을 갚고 싶다.

내가 비록 부족하고 못난 남자일지 모르겠으나 내가 사랑하는 아내에게만은 잘난 남자, 믿음을 주는 남편이 되고 싶다.

✿ 2006. 11. ✿

나무 그늘

앙상한 나뭇가지에 밤새 하얗게 상고대가 열렸다. 미련 없이 잎을 다 떨어버리고 초연한 나목으로 돌아간 철학자의 모습을 닮은 겨울나무들이다. 앙상한 나뭇가지는 온몸으로 바람을 맞으며 서 있다. 저 나무들도 지나간 여름에는 언제나 똑같은 모습으로 무성하게 잎을 피우고 그것들로 풍성한 그늘을 만들어 주었다. 그래도 아침 해가 오르니 반가운 까치 한 쌍이 날아와 아침 문안을 한다.

보름 전쯤 아버지께서 발을 다치셨다는 전갈을 받았다. 산에 땔나무를 하러 가셨다가 전기톱에 다치셨다 하신다. 마침 어머니가 곁에 계셔서 응급처치를 하고 병원에 다녀오신 후 그래도 아들이라고 연락을 주셨다. 한 걸음으로 달려가야 하는 것이 자식 된 도리겠으나 그러지 못했다. 마침 크리스마스에 연말연시가 다가오는 시기인 관계로 눈코 뜰 새 없이 바빴기 때문이다.

그리고 며칠 후 조모님 기일에 맞추어 아버지께서 오셨다. 언제나 그렇듯이 어머니를 곁에 태우고 손수 운전하여 오셨다. 죄송하고 송구스러운 마음에 차마 얼굴을 마주하지 못하고 "아버지, 다리 다치신 것은 어떠세요?"하고 기어들어가는 목소리로 안부를 묻는다. "괜찮다. 많이 다친 것도 아닌데 너희 어머니가 괜히 전화를 해서 걱정을 끼쳤구나." 하신다. 아버지 얼굴이 매우 밝아서 안심이다. 그런데 자세히 보니 아버지가 신고 오신 운동화 등이 뭉텅 잘려 있다. 다치실 때 신었던 운동화는 아니지만 병원에서 봉합수술을 한 상처 때문에 운동화 등을 잘라낸 후 신고 다니시는 듯하다.

나이 여든을 넘기신 아버지와 어머니는 지난가을에도 겨울 양식인 김장을 하라고 배추와 무를 제법 많이 싣고 오셨다. 당신들이 손수 가꾸시고 자식들 먹을거리라고 농약도 치지 않고 비료도 퇴비만을 사용하여 재배하셨단다. 말 그대로 자연농법에 유기농법으로 가꾸신 것이다. 배추, 무뿐만 아니라 고추까지 곱게 다듬고 빻아서 같이 가져오셨다. 여름이면 올감자를 캐어 담아 오시고 가을이면 고구마를 갈무리하여 실한 놈으로 골라 한 자루 싣고 오신다. 매번 아들 집에 오실 때면 빈손으로 오시는 법이 없다. 하다못해 곱게 말린 무청 시래기라도 한 보자기 싸서 가져오고 늙은 호박에 들깨, 참깨, 깻잎, 콩잎, 메주까지 손수 만들어 주신다.

누구에게나 다 그렇겠지만 부모님은 고향 마을의 큰 나무와 같다. 언제나 변함없이 그 자리에 계시면서 자식들에게 사랑을 무언으로 가르쳐 주신다. 그런 사랑을 받는 자식들은 그것이 얼마나 큰 것인지를 느끼지 못하며 습관처럼 그냥 주는 것이라고 받아먹기만 한다. 농사짓고 아들 집까지 가져오시고자 얼마나 많은 수고와 땀을 흘렸을까를 애써 기억하려 하지 않는다.

나무는 자신을 위해 그늘을 만들지 않는다. 대가를 바라지 않고 자신의 큰 몸으로 만든 넉넉한 그늘 밑에 누구나 와서 쉬기를 바랄 뿐이다. 부모님들도 또한 그렇다. 자식을 위해 무한한 사랑을 주시지만 자식들에게 무엇을 바라지 않는다.

나에게도 또한 자식들이 있다. 나도 그들을 위해 큰 그늘을 만들어 주려고 애를 쓴다. 그러나 솔직히 자신이 없다. 내 나이도 이제 이순을 넘겼지만 아직도 연륜이 덜했는가. 고개 숙여지지 않는 결기가 자꾸 뒷목을 잡아당긴다. 내 부모님이 나에게 해 주시는 것만큼 큰 사랑을 내 자식에게 그대로 나누어 주지 못한다. 그래도 나 역시 한 부모가 분명하니 아들에게 최선을 다해야겠다는 생각만 있을 뿐이다.

✿ 2007. 01. ✿

산나물

이제는 내 고향과 같이 생각되는 자산리를 찾았다. 원래 우리 고향은 아니지만, 부모님이 이곳에 들어와 생활하신 지도 20여 년의 세월이 지났으니 고향과 진배없는 곳이다. 아버지 생신에 맞추어 부모님을 뵈러 온 것이다. 생신 축하인사와 함께 간소하나마 가족의 정성이 담긴 아침 식사를 마치고, 아내와 뒷산으로 올라갔다. 산이라야 집 뒤란을 돌아서면 바로 산이므로 거창하게 산에 오른다는 표현 자체가 어색하기도 하다. 올해 산나물을 뜯어볼 요량이었다.

마침 어제 봄비가 넉넉히 내려주어 새순으로 피어나는 온갖 식물들이 지천이었다. 그중에서 우리의 목표는 고사리와 취나물이다. 아무리 시골 산이라지만 고사리와 취나물은 아무 곳에서나 자라는 그리 흔한 것은 아니다. 그들도 집단으로 군락을 이루며 자라는 곳이 따로 있다. 이 산을 몇 년째 때맞추어 찾는 우리 내외는 그들이 어디에 많이 나는지 알고 있다. 그러므로 큰 고생 하지 않고도 제법 많은 양의 고사리와 산나물을 채취할 수 있었다. 매년 이렇게 고사리, 취나물 채취에 열중하는 이유는 우리 집에서 장만해야 하는 제사 음식도 일 년에 열두 번이나 되므로 제수용으로 많이 필요하기 때문이다. 매년 고사리와 취나물을 채취했지만, 올해는 유난히 많이 채취하였다. 아마 욕심이 좀 과했는지도 모른다.

산에서 내려오면서 뒤돌아본 산이 갑자기 무서워졌다. 만일 저것들이 입이 있어 말을 한다면 뭐라고 할까. 필경 '우리들의 어린 새싹을 뜯어가 주어서 감사합니다.'라고 할 턱은 없을 것이다. 온갖 저주와 원망의 소리가 하늘을 찌르고도 남으리라. 인간들은 손가락을 조금 베어도 아프다고 약 바르고 붕대 감고 호들갑을 떠는데 저들도 우리처럼 아파할까.

저주와 원망까지는 아니더라도 '인간들이여. 아무리 우리가 당신들에게 뜯어 먹혀 당신들을 살찌우는 운명에 자리매김 되어 있다 하더라도 금방 돋아나기 바쁘게 어린 새순 잘라가는 것은 정말 너무합니다!'라고 외치고 있을지도 모르겠다. 찬바람 눈서리 한겨울을 지나오는 인고의 고통을 이겨내지 않고는 새로 태어날 수 없는, 손가락 가지런히 모으고 돋아나는 고사리의 어린 새싹들. 이제 막 땅을 뚫고 올라와 새순을 피워 힘차게 자라나려고 흩날리는 바람결에 몸부림치는 어린 취나물. 그들이 한 철도 보내지 않고 우리 인간에게 뜯어 먹히려고 세상 밖으로 나오는 것일까.

우리 인간들의 식습관도 참으로 많이 변했다. 옛날 보릿고개 시절에야 무엇이든지 없어서 못 먹었다. 그런데 요즈음 도회지 사람들의 식습관을 보면 참으로 가관이다. 계란이나 오리 알 등을 먹는 일이야 인간의 역사만큼이나 오래되었지만, 삼복더위에 한철인 삼계탕에는 채 한 달도 자라지 않은 햇병아리만 넣어 끓여야 제 맛이란다. 게다가 쇠고기도 어린 암소고기가 가장 부드럽고 맛있다고 야단들이다. 요즈음은 한 술 더 떠서 시중 광고에서는 '시집 못 간 암퇘지고기'라고까지 선전하고 있다. 실제로 시집 못 간 암퇘지인지는 알 수도 없고 확인하려 하지도 않지만, 아무튼 시집 못 간 암퇘지 고기가 연하고 맛있으리라는 가정 아래 선전하고 그것을 즐긴다.

모든 생물은 음식이나 영양분을 섭취하지 않고는 살 수가 없다. 서로 잡아먹고 먹히는 먹이사슬의 숙명 앞에 때로는 몸부림치며 때로는 순응하며 살아가고 있다. 그것이 대자연의 섭리이고 법칙이다.

사람도 먹지 않고는 살아갈 수가 없다. 그래도 조금은 욕심을 덜 부렸으면 좋겠다. 맛이 좀 없으면 어떤가. 조금은 먹기에 불편해도 어떤가. 음식은 내 몸에 들어가 나를 살찌우고 생명을 연장하는 역할을 한다. 그런 것이 음식이라면 조금은 양보하는 미덕이 필요하지 않을까. 더욱더 맛있는 것을, 많이 먹고자 하는 욕심을 조금만 내려놓는다면 그렇게 어린 동물들이 무참하게 죽음을 맞이하지는 않으리라.

고사리, 취나물은 너무 성장하면 억세져서 먹을 수 없겠지만, 그렇다고 너무 과한 욕심을 부려 행여나 남겨 음식물 쓰레기통으로 들어가는 신세는 면했으면 좋겠다. 제수 음식 많이 장만한다고 조상이 상으로 복을 한 바가지 퍼주고 가실까. 결국, 절 몇 번 하고 우리 가족들이 둘러앉아 한 끼 식사로 대용하는 것이라면 조금은 적어도 좋으리라. 고사리, 산채 아니라도 먹을 것은 얼마든지 많이 있으니까.

✿ 2006. 05. ✿

끝(원고지 1매 쓰기 작품)

끝이란 마지막을 일컬음이나, 마지막이란 말은 새로운 시작을 의미한다.
죽는다는 것이 생의 끝이라면, 그것은 저 생에서의 새로운 시작이다.
어떤 것이 존재하다가 없어짐이 끝이라면, 없어진 그것에는 또 무언가 새로움이 자리한다.
아! 無始無終이라. 시작을 모르니 끝을 말하지 말자.
어디서 왔다가 어디로 가는 인생인가?

✿ 2006. 05. ✿

서평

'목화꽃 향기 되어'를 읽고

이 동 민

김정호의 수필집 「목화꽃 향기 되어」를 읽었다. 「목화꽃 향기 되어」는 그의 첫 수필집이다. 일반적으로 첫 수필집에는 자신의 과거를 회상으로 불러낸 내용이 많다. 그만큼 기억 속에 간직함으로 소중하게 보관하였던 내용이고, 자신의 삶에서 가장 의미 있었던 사건인 수가 많다. 따라서 수필집은 자신의 인생에 가장 많은 영향을 주었던 내용으로 채워져 있다.

「목화꽃 향기 되어」는 52편의 글을 다섯 개의 소제목으로 나누어서 책을 꾸몄다. 오늘의 입장에서 자신을 바라보고 평가한 내용이다. 평가에는 긍정도, 부정도 포함된다. 김정호의 수필집도 이 범주를 벗어나지 않는다.

첫 번째의 소제목은 '연리지'이다. 아내와 더불어 살아온 이야기가 주된 내용이다. '연리지'가 말해주듯이 인생의 동반자로서 아내에 대한 믿음과 사랑을 담고 있다.

'목화꽃 향기 되어'를 소제목으로 삼은 부분에서는, 책의 제목으로 삼았을 만큼 작가에게 가장 소중한 기억을 담고 있다. 아내를 만나기 이전의 유년 시절을 담고 있다. 목화꽃이 은유하는 상징 언어야말로 오늘의 김정호에게 가장 중요한 의미를 담고 있을 것이다.

'연 선생 하소연'은 자신을 되돌아보는 글인 동시에, 삶에 대하여 자신의 태도를 피력한 글이다. 어떤 면에서는 하나의 가치만을 홍수처럼 휩쓸고 있는 현실에 대하여 비록 자신이 없는 목소리지만, 또는 아주 작은 목소리지만 나름대로 항변을 하고 있다. 그의 목소리를 긍정적으로 수용한다면 사회에 하나의 비판으로도 볼 수 있다.

'들메끈을 고쳐 메고'는 은퇴하여 노후를 보내고 있는 자신을 성찰하고, 다짐을 하는 내용이다. 마지막으로 '벽오동 심은 뜻은'은 팔공산 자락에 정착하여 아내와 더불어 노년의 삶을 꾸려가는 모습을 그리고 있다.

그의 글을 읽으면 자신의 삶을 긍정적으로 바라보는 시선이 보인다. 노후의 삶도 조용히 받아들이고 있다. 자신의 삶을 긍정적으로 바라본다는 것은 정신적으로 건강하다는 징표가 된다. 그의 수필집이 김정호의 건강한 정신을 잘 말해주고 있다.

수필은 어떤 대상을 소재로 하여 쓰든지 간에 결국은 작가 자신을 이야기하는 것이다. 김정호의 수필집을 읽어 봄으로 작가가 자신을 어떻게 이야기하고 있는지 알아보자. 그의 글을 읽으면서 조금의 아쉬움이 남는 것은 최근의 이야기를 많이 하다 보니 긴 인생을 살아온 한 사람의 전부를 조망하는 데 어려움이 있다.

작가의 개인사에서 30여 년을 함께 살아온 아내의 존재는 누구보다도 중요한 사람이다. 부부간의 사랑은 연애감정이 전부가 될 수 없다. 가장 가까운 거리에서 살아가다 보니 오히려 더 많은 갈등을 겪는다고 하였다. 인간관계에서 부부를 중요시하는 것은 갈등은 심히 겪지만 서로 화해하고, 수용하고, 마침내는 상대방을 이해함으로 갈등을 해소하는 길을 걸어왔기 때문이다. 따라서 부부간에 일어난 갈등을 글에서 표현하였다는 것은 갈등 자체가 아닌 화해와 이해로 가는 하나의 과정을 언급한 것이다. 김정호의 글에는 갈등을 극복하고, 사랑을 더 돈독하게 구축해가는 이야기를 하고 있다.

그는 아내와의 관계를 '연리지'로 표현하였다.

> 솔직히 말해서 어느 부부든지 말다툼 한번 하지 않고 사는 부부는 없다. 한평생을 같이 살아가면서 때로는 본의 아니게 상대방에게 마음의 상처를 주는 일도 있다. 단지 정도의 차이만 있을 뿐이다.
>
> 며칠 전부터 아내의 심기가 불편한 것 같다. 그렇다고 내가 특별히 마음 상하게 한 적도 없다. 계절적인 영향 탓인가. 아무튼, 어떻게 하든지 뒤틀린 아내의 심사를 되돌려 놓는 것도 내가 감당해야 할 일이다. 소중한 내 짝으로 만나 고생하고 있는 사람을 마음 편하게 해 주는 것이 좋을 것이다. 시간이 허락하면 아내를 대동하고 은해사에 한번 다녀오고 싶다. 그곳에 가서 연리지의 모습을 아내에게 보여주면서 우리 부부의 인연에 대하여 다시 생각해 보고 싶다.
>
> - '연리지'에서 -

부부 관계는 개인사에서 가장 중요한 부분을 구성한다. 아내를 바라보는 김정호의 시선에는 포근할 뿐 아니라 연민을 담고 있다. 연리지가 함축하는 의미는 가장 긍정적인 부부를 상징하는 것이다. 연리지를 통하여 작가는 아내에게 느끼는 감정을 진솔하게 표현하였다.

김정호는 대체로 수필에서 자신의 감정을 솔직하게 표현하고 있다. 첫 사랑의 이야기도, 중년의 삶에서 호감을 느꼈던 여인의 이야기도 꾸밈없이 표현하고 있다. 우리의 수필에서 이 정도의 솔직한 표현을 만나기는 어렵다. 따라서 그의 글은 신선한 느낌을 준다.

다만, 수필이기 때문에 수필의 형식에 충실하였으면 싶었다. 즉 문학적으로 잘 형상화하도록 다듬었으면 하는 생각이 들었다. 단순히 자신의 감정에 충실하고, 사실적으로 표현하기보다는, 인간으로서 느껴야 하는 갈등이나, 고통스러웠던 내면의 심리를 다루었으면 싶었다. 갈등을 극복하고, 좌절을 이겨내는 내용으로 승화시켰으면 하는 생각이 들었다. 그래야만 문학 속으로 스며들어서 더 아름답게 느껴지기 때문이다.

작가는 부부 관계도 과장하거나, 왜곡하지 않고 진솔하게 다루었다. 보통의 부부가 일반의 삶을 꾸려가는 모습을 그대로 표현하였다. 그러면서 삶을 긍정하고, 아내를 다독이면서 즐겁게 살아가는 모습을 표현하였다. 아내와 다툼도 있었고, 아내의 삐침도 있었고, 심지어는 아내의 가출도 있었다. 그러나 '연리지'는 이 모든 것을 부부애로 수용해버렸다.

퇴직 후에 아내가 부업을 하다가 '대상포진'으로 입원하였다. 지난날을 회고하는 글에서 아내에 대한 한없는 신뢰와 사랑을 보낸다. '고행'을 읽어 보면 그는 지금도 자신을 돌아보면서 끊임없이 반성하면서 삶을 꾸려가고 있다. 그의 그러한 삶에는 항시 아내가 곁에 있었다.

두 번째의 소제목은 '목화꽃 향기 되어'이다. 이 글에서는 김정호의 개인사에서 가장 중요한 부분을 서술하고 있다. 수필은 어디까지나 자신에 관한 이야기이다. 오늘의 내가 존재하기까지 어떤 관계망 속에 위치하고 있었나를 되돌아보고, 확인하고, 반성하기 때문이다. 한 사람의 인격이 형성되기까지에는 가족관계가 절대적인 영향을 준다. 그중에도 유년기는 한 사람이 인격체로 성장하는 데 가장 중요한 시기가 된다.

작가의 유년기에는 '목화'로 상징되는 할머니가 있다. 목화는 할머니의 상징일 뿐 아니라, 작가가 체험한 가족애의 상징이고, 가족사의 상징이며, 수필을 쓰게 해 준 성숙된 정서를 상징한다. 작가는 유년기에 경험한 할머니의 사랑을 잊지 못한다.

수필에서 표현된 유년기의 사랑 경험의 대부분은 어머니를 대상으로 삼고 있다. 그러나 김정호의 수필에서는 어머니의 위치에 할머니가 자리 잡고 있다. 유년의 기억은 현재의 욕망을 말하는 것이라고 한다. 왜냐하면 회상 속의 유년은 내가 환상 속에서 찾고 있는 유토피아에 다름 아니기 때문이다. 유토피아의 자리에 '할머니의 사랑'이 차지하고 있다. 그렇다면 작가는 오늘도 누군가로부터 할머니의 사랑을 바라고 있다는 뜻이 된다. 그만큼 작가는 외롭다고 할 수 있다.

목화가 할머니를 상징한다는 것은 '목화꽃은 피었는데'에서 구체적으로 서술하고 있다. 작가는 할머니와 자신을 감정적으로 동일시하고 있다. 젊은 나이에 할아버지를 객지로 떠나보내고 혼자서 외롭고 힘든 삶을 꾸려왔다. 손수 목화밭을 일구어서 목화를 따던 할머니를 노년이 된 지금에 와서 연민의 눈으로 바라보고 있다. 할머니와 동일시란 자신의 삶도 외롭고, 힘들게 살던 할머니처럼 생각한다는 뜻이다. 그래서 누군가로부터 따뜻한 사랑을 받고 싶다는 자신의 감정을 목화로 은유하고 있다는 생각이 든다.

할머니가 우리 집안으로 시집오신 때가 열네 살 나이셨단다. 그 어린 나이에 열다섯 살 신랑을 맞아 오신 후 열일곱에 첫 아들 보신 후 무정한 할아버지께서는 바람처럼 훌쩍 떠나가 버렸다. 넉넉하지 못했던 살림살이 일으켜 보겠다고 일본 땅으로 건너가 버린 것이다. 그 후 십여 년 발길조차 없다가 어느 날 바람처럼 곁으로 잠시 오셨다가 또, 아들 하나 선물로 남겨 두고 다시 바람처럼 훌쩍 떠나버렸다. 그리고 10여 년, 해방이 되어 할아버지는 돌아왔지만, 운명은 여기까지인가. 할아버지가 돌아온 후 삼 년도 채 정 붙이고 재미있게 살아보지 못하고 몹쓸 병으로 떠나보내야 했다. 그렇게 할아버지는 고향 뒷산 공산에 묻히었다.

서방님께서 타국 땅에 있을 때나, 저세상으로 가신 이후에도 힘든 시집살이에 무명치마 흰 저고리로 한평생을 사셨다.

- '목화꽃 피었는데'에서 -

그의 글에는 할머니를 애도하는 감정이 뚜렷하게 나타나 있다. 작가의 글에는 특히 사춘기를 보내면서, 또 중년의 삶에서도 사랑에 대한 갈망이 보인다. 이 모든 것들이 유년기의 할머니 사랑에 대한 흔적인지도 모른다.

김정호의 수필에는 아버지와 어머니가 자주 대상이 된다.('낙엽을 쓸며' 와 '60대의 마마보이') 더욱이 아버지에 대한 언설을 보면 두려움의 존재이면서, 또 한없이 기대고 싶어 하는 존재로 등장한다. 즉 양가감정을 나타내고 있다. 유년기의 추억에서 어머니 대신에 할머니를 불러오지만, 어머니의 사랑에 기대는 심리는 여전하다.

나는 그의 수필집을 읽으면서 '60대의 마마보이'가 가장 쓰고 싶었던 글이 아니었을까 하는 생각을 해 보았다. 인간은 영원히 외로운 존재이다. 남편이 되었다고 하여, 아버지가 되었다고 하여 벗어날 수 있는 것은 아니다. 그래서 우리는 어디에든지 기대고 싶어 하는 것이다. 이 글은 단순히 어머니의 사랑을 표현하는 것이 아니고, 어딘가 기대고 싶어 하는 작가의 내면을 표현한 것이다.

말하자면 그는 지금도 누구에게인가 기대고 싶어 한다. 아버지이고, 어머니이고, 또 다른 어떤 사람일 수도 있다. 아내와 자녀일 수도 있다. 그만큼 작가는 외로워하고 있는 것이다. 그의 글에는 아버지의 엄격함과 어머니의 사랑이 교차하고 있다. 아버지에 대한 한없는 신뢰도 간직하고 있다.

작가의 외면은 밝고, 명랑하다. 그러나 글을 통하여 그의 내면을 들여다보면 그렇지 않다는 생각이 든다. 할머니를 그리워하고, 사랑을 찾아 헤맨다는 생각이 들었기 때문이다.

작가를 둘러싸고 있는 가족 관계, 추억, 아버지에 대한 효심,('낙엽을 쓸며'와 '청려장'), 어머니에 대한 사랑 감정, 그리고 가족을 다독거리며 살아가는 모습에서 작가의 가치관도 엿볼 수 있다.

> 옛날 아버지가 입춘방立春榜으로 써서 대문에 붙이시던 '소지황금출掃地黃金出'이란 글귀를 되새겨본다. 인생을 근면과 열정으로 사셨던 아버지이시다. 설령 아버지가 돌아가신다 해도 아버지의 정신을 자식들에게 가르쳐 주고 싶다.
>
> \- '낙엽을 쓸며'에서 -

'낙엽을 쓸며'에서 말하고 있듯이 낙엽을 태운 재는 다시 새로운 생명을 틔워내는 밑거름으로 사용할 수 있다고 한 것은 시사하는 바가 크다. 아버지에 대한 신뢰의 표현인 동시에 자신에 대한 다짐이기도 하다.

세 번째 소제목은 '연 선생 하소연'이다. 담배와 작가 사이의 관계를 서술하였다. 글에서 표현하는 담배는 작가에게 단순히 기호품이 아니고, 의미를 갖는 상징물이 되어 있다. 이 글에서 우리가 주목해야 할 점은 작가가 담배에 어떤 의미를 부여하였는가 이다.

'금연'은 오늘의 우리 사회에서 금지禁止를 의미하는 가장 강렬한 기호의 역할을 한다. 부정적인 가치를 의미한다. 작가는 금지라는 가치를 결코 부정하지는 않지만, 반드시 따라야 하느냐에 의문을 나타낸다. 담배가 작가에게 말하고 있는 상징 언어는 개인의 자유를 속박한다는 것이다. 작가에 의하면 담배의 금지를 부정하지는 않더라도, 마음이 울적하거나 괴로울 때 위로를 주는 긍정적인 면도 있다는 것을 말하고 있다.

네 편의 글에 실린 내용은 사회의 가치관과 자신의 가치관이 충돌하면서 어느 한 쪽을 선택하지 못하는 갈등을 적고 있다.

> 우리가 우리의 주인 되는 인간들의 건강을 해치는 데 어느 정도의 영향력이 있었다는 것은 현대 과학이 증명하였으니 애써 부인하려고 하지는 않겠소. 그러나 정녕 그들이 우리 때문에 죄 없이 병들어 죽어가고 있다고 생각하시오? 생각해 보시오. 인간들이 병들어 죽어가는 이유 중에 가장 큰 것이 우리 때문이라면 현대 의학이 발전하기 전, 오랜 옛날 우리를 그렇게 사랑하고 풍류를 즐기며 하루도 우리 없이는 살 수 없다던 중국의 이태백 같은 주선酒仙 시인詩人은 일찍 요절해야 했을 것이요, 공초 오상순 선생은 어떻게 천수를 누리다 세상을 떠났단 말이오. 정녕 우리 때문에 인간이 병들어 죽었다면 이들과 같은

삶을 산 지조 높은 선비양반들은 벌써 씨도 없이 말라 죽었어야 했지 않소. 그것보다는 현대 과학문명의 발달에 따라 필연적으로 수반된 자연공해와 어쩌면 인간의 숙명 같은 스트레스가 그들을 병들어 죽게 하는 가장 큰 원인일진대 죄 가벼운 우리만 죄인 중에 상 죄인 만들어 역적 취급을 하니 어디 서러워 살겠소. 이 모든 것이 인간 스스로 만들어 가는 잘못이지요. 적당히, 알맞게 즐길 줄 모르는 과욕이 인간들 스스로 무덤을 파는 격이란 말이오."

- '사랑하오 연 선생' 중에서 -

작가는 결국 담배를 선택한다. 이것은 단순히 '금연'을 지키지 못하는 작가의 나약함을 변명하는 것이라고 할 수도 있지만, 자신의 가치관을 지키려는 의지로도 볼 수 있다.

작가는 자신의 마음을 수련하기 위해서 사경도 하고, 서예도 한다. 불교에도 심취하여 뙤약볕이 내리쬐는 불국사 마당에 앉아 염송 법회에도 참여한다. 한편으로는 자녀와의 갈등도 기술하였다. 누나라고 불렀던 여인과의 관계도 서술하였다. 사랑하고, 그리워하고, 잊어가는 것이 인간의 삶이라면, 갈등과 좌절을 겪으면서 괴로워하는 것 또한 우리의 보편적인 삶이다. 어쩌면 담배 이야기는 그러한 우리의 삶을 은유하는 것인지도 모른다.

담배 이야기를 그런 맥락으로 읽는다면 작가가 말하고 하는 것이 무엇인지 보일 수도 있을 것이다.

작가는 직장에서 은퇴하여 노후 생활을 보내고 있다. 삶을 결산하는 시기인지도 모른다. 그러나 지나온 삶을 되돌아보면서 노후의 삶에 새로운 설계를 하는 일에 게을리 하지 않는다.

회한은 없다. 비록 어렵게 살아왔더라도 한 가정의 장남으로서 대가족을 이끌며 최선을 다했다. 앞으로 살아갈 날이 얼마나 남았는지 모른다. 질곡의 세월을 살아온 옛 추억들이 주마등처럼 지나가지만, 과거는 과거일 뿐이다. 이 나이에 무슨 큰 부귀영화가 있겠느냐 싶지만, 인생은 60부터라고 했던가. 이제부터 다시 시작한다는 생각으로 마음을 가다듬는다.

- '들메끈을 고쳐 메고'에서 -

문화답사도 다니고, 글쓰기(수필)도 한다. 그보다는 불교적인 삶을 살아가므로 자신의 마음을 다스리는 일도 게을리 하지 않는다. 절에도 찾아가고, 산에도 오른다. 그의 말마따나 '이제부터 다시 시작한다.'는 생각으로 살아가고 있다. 손자와 손녀의 입학식에도 참석한다. 서당비가 되도록 자신을 싸리나무 회초리로 다독이므로 노후의 생활이 흐트러지지 않도록 경계를 한다.

그러나 그가 마지막으로 회귀하는 것은 아내이다.

벽오동 나무를 볼 때마다 조금만 더 깊이 생각하여 처음부터 넓고 여유로운 곳에 심었으면 좋지 않았을까 하는 생각이 든다. 하필이면 저 좁은 공간에 벽오동 나무를 심어놓았을까? 처음 심었을 때는 아마 작은 나무였겠지. 세월의 흔적만큼이나 자라버렸다. 지금 옮기기에는 몸집이 너무 커져 버렸고, 다른 곳으로 옮겨 심으려다 잘못하면 나무를 죽일지도 모른다는 생각에 엄두를 내지 못하고 있다.

아내가 벽오동 나무를 참 많이도 닮았다는 생각이 든다. 스물두 살 어린 나이에 대가족 장남을 신랑으로 만나 30년도 넘게 살아왔다. 단칸방에 가난으로 찌든 집의 시집살이였다. 게다가 성격은 급하고, 일 저지르는 데는 이등 가라면 서러워할 남편. 끼어들기 좋아하고 남 앞에 나서기 좋아하는 사람 뒤치다꺼리 하면서도 말없이 살아왔다. 그것뿐만이 아니다. 부전자전이라고 성격마저 남편과 똑같은 시아버지에, 자상함마저 병이 되어 돌아오는 시어머니를 때맞추어 불평하지 않고 봉양했다. 적잖은 시동생, 시누이도 이런저런 일로 마음 쓰이게 하는 집안이다. 어린 나이에 직장생활을 하면서도 빼놓을 수 없는 가정사였다.

- '벽오동 심은 뜻은'에서 -

팔공산 자락에 노후의 터를 마련하여 아내와 함께 인생의 끝자락을 꾸리고 있다. 그곳에서 잡초도 뽑고, 떨어지는 낙엽도 쓸어 담고, 눈 내리는 겨울도 보낸다. 자연에 순응하면서 살아가고 있다. 이제 아내를 바라보게 된다. 구석의 좁은 터에 심어져 있는 오동나무가 불쌍하다는 생각이 들었다. 아내도 저 오동나무를 닮았다는 생각을 한다.

작가가 온갖 우여곡절을 겪으면서 살아왔지마는 마지막에는 아내에게로 회귀한다는 것을 강한 어조로 말하고 있다. 불교에서 우리가 마지막 돌아가야 할 곳을 본향이라고 하듯이 김정호에게 본향은 그의 아내가 되어 있다.

목화꽃 향기 되어

인쇄 2010년 9월 5일
발행 2010년 9월 15일
지은이 / 김 정 호
펴낸이 / 김 창 석
펴낸곳 / 홍익출판사
주소 / 대구시 중구 삼덕3가 245-2
전화 / 053) 421-6700, 427-3627
팩스 / 053) 423-5965
등록번호 / 1987년 11월 26일 제1-107호
E-mail / hongick88@hanmail.net

정가 10,000원

ISBN 978-89-7826-210-1 03810